Suchtprävention

Praxishilfe für Kindergarten und Grundschule

Von
Adalbert Metzinger

Schneider Verlag Hohengehren GmbH

Titelbild: © K.F.L. – Fotolia.com

Gedruckt auf umweltfreundlichem Papier (chlor- und säurefrei hergestellt).

Leider ist es uns nicht gelungen, die Rechteinhaber aller Texte und Abbildungen zu ermitteln bzw. mit ihnen in Kontakt zu kommen.
Berechtigte Ansprüche werden selbstverständlich im Rahmen der üblichen Vereinbarungen abgegolten.

Bibliografische Information der Deutschen Nationalbibliothek

Die Deutsche Nationalbibliothek verzeichnet diese Publikation in der Deutschen Nationalbibliografie; detaillierte bibliografische Daten sind im Internet über ›http://dnb.d-nb.de‹ abrufbar.

ISBN: 978-3-8340-1090-2
Schneider Verlag Hohengehren, Wilhelmstr. 13, D-73666 Baltmannsweiler
Homepage: www.paedagogik.de

Das Werk und seine Teile sind urheberrechtlich geschützt. Jede Verwertung in anderen als den gesetzlich zugelassenen Fällen bedarf der vorherigen schriftlichen Einwilligung des Verlages. Hinweis zu § 52a UrhG: Weder das Werk noch seine Teile dürfen ohne vorherige schriftliche Einwilligung des Verlages öffentlich zugänglich gemacht werden. Dies gilt auch bei einer entsprechenden Nutzung für Unterrichtszwecke!

© Schneider Verlag Hohengehren, 73666 Baltmannsweiler 2012
Printed in Germany – Druckerei Djurcic, Schorndorf

Inhaltsverzeichnis

1.	Sucht	1
2.	Zahlen und Fakten	3
3.	Ursachen	5
4.	Suchtgefährdete Kinder	18
4.1	Kindliche Verhaltensauffälligkeiten als Risikofaktoren	18
4.2	Kinder aus suchtkranken Familien	19
5.	Suchtmittel und Kinder	25
5.1	Essen	25
5.2	Medien	28
5.3	Medikamentenmissbrauch	31
6.	Suchtprävention	34
7.	Eigene Auseinandersetzung mit dem Thema Sucht	38
8.	Suchtprävention im Kindergarten	45
8.1	Ziele und Entwicklungsaufgaben	45
8.2	Projekt „Spielzeugfreier Kindergarten"	46
8.3	Waldpädagogik	49
8.4	Theaterspiel	50
8.5	Elternarbeit	51
8.6	Entspannung	53
8.7	Ernährungserziehung	58
8.8	Gefühle	61
8.9	Medien	64
9.	Suchtprävention in der Grundschule	66
9.1	Schulgesetz und Verwaltungsvorschrift	66
9.2	Suchtprävention und Kompetenzerwerb	67
9.2.1	Ganzheitliche Suchtvorbeugung	67
9.2.2	Handlungsfelder	68
9.2.3	Suchtpräventive Kompetenzen	68
9.3	Geschlechtsspezifische Suchtprävention	71

9.4	Anregungen für die suchtpräventive Arbeit in der Grundschule	74
9.4.1	Lebenskompetenzprogramme im Überblick	74
9.4.1.1	Klasse 2000	75
9.4.1.2	Fit und stark fürs Leben	78
9.4.1.3	Eingenständig werden	79
9.4.1.4	Echt stark	80
9.4.1.5	Kinder stark machen	81
9.4.2	Themenvorschläge für den Unterricht	82
9.4.2.1	Der Bildungsplan in Baden-Württemberg (1.–4. Klasse)	82
9.4.2.2	Warm-ups als Einstiegsmöglichkeit	90
9.4.2.3	Umgang mit Medikamenten	92
9.4.2.4	Ernährung	100
9.4.2.5	Sozialverhalten – Soziale Integration	106
9.4.2.6	Gefühle	114
9.4.2.7	Mitbestimmung der Schüler	123
9.4.2.8	Erlebnispädagogik	125
9.4.2.9	Theaterspiel	128
9.4.2.10	Puppentheater	130
9.4.2.11	Zirkusspiele	131
9.4.2.12	Medienpädagogik	134
10.	Elternarbeit	137
10.1	Ablauf und Gestaltung eines Elternabends	137
10.1.1	Vorbereitung	137
10.1.2	In Kontakt kommen und sich kennenlernen	137
10.1.3	Themenvorschläge	140
10.1.4	Zurückblicken und sich verabschieden	147
Literaturverzeichnis		151

1. Sucht

Das Berufsbild von LehrerInnen an Grundschulen wird primär durch das Unterrichten bestimmt, während die ErzieherInnen neben erzieherischen Aufgaben immer mehr Bildungsarbeit übernehmen. Beide Berufsgruppen sollen bzw. müssen sich aber auch häufig mit dem Thema Gesundheitsförderung und Suchtprävention befassen. Die suchtpräventive und gesundheitsfördernde Arbeit erstreckte sich anfangs hauptsächlich auf Jugendliche, was im Rahmen der Institution Schule Hauptschüler, Realschüler, Gymnasiasten und Berufsschüler betraf. Zu Beginn der 1990er Jahre wurden zunehmend auch die Grundschüler in die Suchtprävention integriert. In letzter Zeit wurde sie bereits auf die Altersgruppe der 3–6 jährigen Kinder im Kindergarten ausgedehnt. Die Ursache für diese Tendenz liegt in neuen Erkenntnissen von Psychologen und Pädagogen, die Kinder bereits im Vorschulalter als suchtgefährdet sehen. Entwicklungspsychologische Forschungsarbeiten belegen, dass die verhänngisvolle Fehlentwicklung auf dem Weg zur Sucht in der Regel häufig schon in sehr jungen Jahren beginnt, d. h. schon im Kindergartenalter können konkrete Anzeichen für eine spätere „Suchtkarriere" vorliegen.

Trotzdem ist Suchtprävention in der Grundschule und im Kindergarten noch häufig ein ungewohntes Anliegen, wobei diese Thematik in vielen Einrichtungen bereits Bestandteil des Unterrichts bzw. des erzieherischen Geschehens ist. LehrerInnen und ErzieherInnen werden dabei mit folgenden Fragen konfrontiert:

- Welche Suchtvorbeugung kann die Erzieherin im Kindergarten bzw. die Lehrerin in der Grundschule leisten?
- Wie können Kinder vor Suchtgefahren geschützt werden?
- Welche Bücher und Materialien sind geeignet, um Kindes dieses Thema näher zu bringen?
- Welche Methoden können angewendet werden?
- Woran kann erkannt werden, ob ein Kind suchtgefährdet oder vielleicht schon süchtig ist?
- Wie kann ich mit Kindern umgehen, bei denen man weiß, dass ein Elternteil süchtig ist oder beide Elternteile süchtig sind?
- Wie können solche Eltern unterstützt werden?
- Wie können Eltern suchtgefährdeter Kinder angesprochen werden?

Im weiteren Verlauf dieses Buches werden diese Fragestellungen aufgegriffen und versucht zu klären. Zu Anfang ist es zunächst sinnvoll, den Begriff Sucht zu bestimmen. Sucht ist nicht verwandt mit dem Verb suchen, sondern stammt von dem Wort siechen (Leiden an einer Krankheit) ab. Als Synonyme für Sucht werden auch die Termini „Missbrauch" oder „Abhängigkeit" verwendet. Wenn man sich vergegenwärtigt, in welchen Begriffen das Wort Sucht in unserem Sprachgebrauch vorkommt, ist man erstaunt über die Vielfältigkeit und Anzahl der Wortverbindungen: Habsucht, Eifersucht, Geltungssucht, Sexsucht, Magersucht, Kaufsucht, Putzsucht, Arbeitssucht, Spielsucht, Drogensucht, Nikotinsucht, Alkoholsucht, Internetsucht, Esssucht, Fernsehsucht, Ordnungssucht, Medikamentensucht usw.

Von süchtigem Verhalten spricht man, wenn ein krankhaftes, zwanghaftes Verlangen nach Stoffen oder Verhaltensweisen besteht, um unter Umgehung von „normalen" Lösungsmöglichkeiten Lustgefühle zu erreichen oder Unlustgefühle zu vermeiden. Man spricht meist nur dann von Sucht, wenn der zwanghafte Drang über längere Zeit besteht und nur schwer oder gar nicht kontrolliert werden kann. Fachleute unterscheiden zwischen psychischer und körperlicher Abhängigkeit. Nicht mehr anders können (Wiederholungszwang) und nicht mehr aufhören zu können (Kontrollverlust) und nur noch mit Hilfe des süchtigen Verhaltens sein inneres Gleichgewicht herstellen zu können, sind zentrale Merkmale psychischer Abhängigkeit. Die Entstehung einer physischen Abhängigkeit hängt vom jeweiligen Suchtmittel ab. Körperliche Abhängigkeit wirkt sich so aus, dass das Suchtverhalten in den Stoffwechsel des Organismus einbezogen ist und sich der Körper daran gewöhnt hat (z. B. Alkohol). Wird das Suchtmittel abgesetzt, stellen sich in der Regel Entzugssymptome ein (z. B. Erbrechen, Schweißausbrüche und Gliederschmerzen bei Drogen). Unter dem Begriff Sucht subsumieren wir heute nicht nur die Abhängigkeit von den klassischen Suchtmitteln Alkohol, Nikotin und Rauschgift (stoffgebundene Süchte), sondern zusätzlich einige erste in den letzten Jahren bekannt gewordene Probleme wie Spiel-, Kauf-, Fernseh-, Computer-, Mager-, Arbeitssucht usw. (stoffungebundene Süchte).

2. Zahlen und Fakten

- Suchtgefährdete und suchtkranke Menschen haben auch Angehörige: Eltern, Partner, Geschwister und Kinder. Etwa sieben Millionen Angehörige sind von der Alkoholabhängigkeit eines Familienmitglieds betroffen. In Deutschland sind 2,65 Millionen Kinder und Jugendliche unter 18 Jahren von der Alkoholabhängigkeit des Vaters oder der Mutter oder beider Elternteile betroffen (vgl. Klein, 2005, S. 62). 9,5 Millionen Bundesbürger konsumieren Alkohol in riskanter Weise, d. h. zu häufig bzw. zu viel. 1,3 Millionen sind von Alkohol abhängig.

- Eine Erhebung der Bundeszentrale für gesundheitliche Aufklärung (BZgA) brachte folgende Ergebnisse bezüglich des Alkoholkonsums: 92 Prozent aller Jugendlichen im Alter von 12 bis 25 Jahren hatten Kontakt zu Alkohol. 30 Prozent tranken zumindest ein Mal oder mehrmals pro Woche, ein Prozent gab einen täglichen Konsum an. Dabei scheint das Alter von 14 bis 15 Jahren ein markanter Wendepunkt zu sein, mindestens einmal pro Woche Alkohol zu sich zu nehmen. Ergebnisse aus internationalen Untersuchungen lassen befürchten, dass das intensive Trinken, das so genannte „binge-drinking" zugenommen hat. Nach einer Studie der Weltgesundheitsorganisation aus dem Jahr 2002 gehören etwa zwei Prozent der Jungen und ein Prozent der Mädchen im Alter von 11 Jahren zu den regelmäßigen Alkoholkonsumenten. Unter den 13-Jährigen waren es schon 11 Prozent der Jungen und 9 Prozent der Mädchen, obwohl sie noch unter dem gesetzlichen Mindestalter für den Erwerb alkoholischer Getränke sind.

- Schätzungsweise jedes 7. Kind leidet unter der Sucht eines Elternteils oder sogar beider Elternteile (vgl. Blaues Kreuz, 2008).

- Ungefähr 40 000 Kinder haben Eltern, die von illegalen Drogen abhängig sind.

- Jedes 300. Neugeborene ist von Alkoholembryopathie – eine durch Alkoholmissbrauch während der Schwangerschaft erworbene Schädigung des Embryos – betroffen. Das wären ca. 2 200 Neugeborene pro Jahr (Schätzung der Universitätskinderklinik Münster).

- Rund ein Drittel der Kinder aus suchtbelasteten Familien werden selbst suchtkrank – meistens sehr früh in ihrem Leben.

- Es leben 38 Prozent der alkoholabhängigen Frauen und 26 Prozent der alkoholabhängigen Männer mit ihren Kindern zusammen. Bei Opiatabhängigen: 22 Prozent der Frauen und knapp 10 Prozent der Männer leben mit ihren Kindern zusammen (Deutsche Hauptstelle gegen Suchtgefahren, 2001).

- Rund ein Drittel aller erwachsenen Deutschen (etwa 16 Millionen) raucht. Jährlich sterben etwa 140 000 Menschen an den Folgen des Rauchens, 3 300 durch Passivrauchen.

- Nach einer repräsentativen Studie der BZgA rauchen in Deutschland 38 Prozent der 12- bis 25-jährigen männlichen und 37 Prozent der weiblichen Jugendlichen.
- Stichprobenuntersuchungen von Grundschülerinnen und -schülern zeigen, dass bereits in der 1. Klasse zwischen 10 und 25 Prozent der Kinder über Raucherfahrungen verfügen und in der 3. und 4. Klasse etwa fünf Prozent in einen regelmäßigen Probierkonsum („Ich rauche ab und zu") eingestiegen sind (vgl. Freitag, 2001, S. 26).
- Durch die Einnahme von Heroin und anderen illegalen Drogen starben 2007 1394 Menschen.
- Abhängig von Medikamenten waren im Jahr 2007 mehr als 1,4 Millionen Deutsche.
- Etwa fünf Prozent der Schulkinder in Deutschland wurden mit dem Aufmerksamkeitsdefizitsyndrom (ADS) diagnostiziert. Bundesweit nehmen über 70.000 Kinder und Jugendliche zwischen sechs und 18 Jahren das Medikament Ritalin. Der Ritalin-Verbrauch hat sich in Deutschland zwischen 1994 und 2006 mehr als verzehnfacht.
- In Europa haben 25 Prozent der 7–10 jährigen Mädchen bereits Erfahrung mit Diäten (Institut Suchtprävention Linz, 2010).

3. Ursachen

Die Frage, was zu einer Sucht führt, lässt sich nicht durch eine monokausale Betrachtungsweise beantworten, denn „die Ursache" gibt es bei einem solchen komplexen Problem wie der Suchtentstehung nicht. Vielmehr ist die Entwicklung einer Abhängigkeit multifaktoriell bedingt, denn Sucht ist niemals nur ein individuelles Problem, sie wird immer auch durch soziale und gesellschaftliche Einflüsse mit ausgelöst: „Über Abhängigkeit entscheidet nicht allein der Konsum eines Suchtmittels, sondern die gesamte individuelle Entwicklung eines Menschen in der Wechselwirkung mit seinem sozialen Nahraum und den gesamtgesellschaftlichen und kulturellen Rahmenbedingungen" (Ministerium für Arbeit, Gesundheit, Familie und Frauen, 1991). In Anlehnung an das sog. „Sucht-Dreieck" lässt sich ein umfangreicher Ursachenkatalog zusammenstellen, der sich hauptsächlich auf die Bereiche Persönlichkeit, Umwelt und Suchtmittel erstreckt.

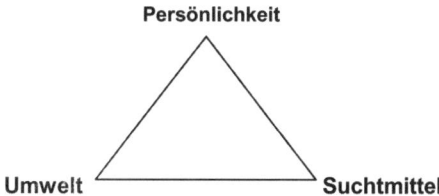

1. Persönlichkeit

Unter dem Begriff Persönlichkeit wird im Allgemeinen die Gesamtheit vom Wesen und den relativ konstanten Eigenschaften einer Person verstanden. Persönlichkeit als einzigartiges Ganzes eines Menschen hat von einem gewissen Alter an so viele individuelle Züge, dass er mit keinem anderen verwechselt werden kann. Trotz bestimmter beständiger Verhaltens- und Erlebnismuster, stellt Persönlichkeit kein völlig abgeschlossenes „Produkt" dar. Als einmaliges ganzheitliches und dynamisches System psychischer Prozesse, kann die Persönlichkeit auch fortlaufenden Veränderungen unterworfen sein.

Die physisch-psychische Gesamtheit eines Menschen wird durch die persönliche Lebensgeschichte bestimmt, die wiederum durch Anlage, Entwicklung, Erziehung, soziales Umfeld und dem sozio-kulturellem Milieu beeinflusst wird. Die Persönlichkeit ist zunächst abhängig von den ererbten Anlagen. Dieses angeborene Potenzial eines Menschen wie Geschlecht, körperliche Schwächen und Stärken, Antriebsstruktur, Stimmungslage und Begabungen sind notwendige Entwicklungsbedingungen, aber sie bestimmen die Richtung und den Inhalt der Entwicklung einer Persönlichkeit nicht alleine. Folgende Verursachungsfaktoren, die mit der Persönlichkeit in Verbindung stehen, weisen einen Zusammenhang mit der Entstehung einer Sucht auf:

- **Neugier, Experimentierwunsch, Abenteuerlust**

Neugier ist das Interesse am und die Hinwendung zum Neuen, die Suche nach Anregungen und der Forschungs- bzw. Wissensdrang. In Verbindung stehend mit Abenteuerlust und Experimentierwunsch können erste Neugier-Versuche als kindliches Ausprobieren und „Grenzen testen" als Anlass oder Auslöser zum ersten Konsum von Nikotin oder Alkohol führen. Unterstützen kann diesen „Erstversuch" ein gewisser Nervenkitzel und das Bestehen einer Mutprobe, um damit die Anerkennung in der Peer Group zu erhalten.

- **Verhaltensprobleme**

Täschner (1979, S. 20f.) führt eine Untersuchung von 22 Jugendlichen an, die als Drogenabhängige folgende Persönlichkeitsmerkmale aufweisen:
1. Unsicherheit und Unreife im Affekt- und Gefühlsbereich, Unfähigkeit zu reifen Kontaktbeziehungen,
2. hohe emotionale Sensibilität und Labilität, Unfähigkeit auch nur geringfügige Enttäuschungserlebnisse zu ertragen,
3. mangelnde Anpassungsfähigkeit,
4. psycho-vegetative Labilität (Schlafstörungen, Erschöpfung),
5. angstbesetzte Grundbefindlichkeit.

Besonders gefährdet sind die Kinder, die durch schwerwiegende Störungen im Bindungsverhalten, in der Kommunikation und in ihrer Entwicklung oder ihrem Verhalten auffallen. Nach A. Warnke von der Kinderpsychiatrie der Universität Würzburg erscheinen vor allem Jugendliche suchtgefährdet, die im Kindergartenalter durch Sprechverweigerung, überaktives Verhalten, motorische Unruhe, Impulsivität oder Aggressivität Aufmerksamkeit erregen. 14 Prozent dieser Kinder würden nach seinen Angaben im Jugendalter meist auch für längere Zeit zu Drogen greifen (vgl. Frankfurter Rundschau, 09.03.1994). Der Entwicklungspsychologe R. Silbereisen vertritt die Ansicht, dass bei 10 Prozent der Jugendlichen ihr dauerhaftes Suchtverhalten bis in die frühe Kindheit zurückreicht. K. Hurrelmann bezeichnet als suchtgefährdet im Kindergarten vor allem die Kinder, „die als besonders aggressiv oder impulsiv oder auch als besonders zurückhaltend auffallen und Schwierigkeiten haben, mit ihren eigenen Bedürfnissen und Neigungen umzugehen und sich in die Gruppe einzufügen" (1995, S. 22). Frühkindliche Voraussetzungen späteren Suchtverhaltens liefert auch die Längsschnittstudie von Block u. a. (1988, 1990).

Eine Zusammenfassung der Ergebnisse ergibt, dass spätere Abhängige als Siebenjährige sehr unsicher wirkten, unfähig waren, tragfähige soziale Beziehungen einzugehen und unter zahlreichen Stresssymptomen litten: „Auf einer konkreteren Ebene wird beschrieben, dass es sich hierbei um Kinder handelt, die mit Gleichaltrigen schlecht zurechtkommen, sich kaum um soziale Wertvorstellungen, wie z. B. Fairness oder die Wechselseitigkeit von Verpflichtungen, kümmern und in der Gruppe nicht selten die Rolle eines Sündenbocks oder eines Prügelknaben übernehmen. Was den Sozialkontakt betrifft, werden sie als wenig verlässlich und vertrauenswürdig beschrieben; sie gehen kaum engere, tiefgehende Beziehungen ein, bevorzugen eher nonverbale, d. h. wenig explizite Formen der Kommunikation. In ihrem Vorgehen wirken diese Kinder insgesamt eher unentschlossen und schwankend; sie sind wenig planvoll vorausschauend und zeigen sich neuen Dingen gegenüber wenig interessiert und offen. Auf der Gefühlsebene fällt auf, dass diese Kinder wenig in der Lage sind, negative Gefühle zulassen zu können. Sie entwickeln kaum Stolz auf eigene Talente und Fähigkeiten; es dominieren stattdessen Gefühle eigener Wertlosigkeit. Die Kinder werden ganz generell als wenig vital, kraftvoll und lebendig beschrieben. Was das Verhalten unter Stress betrifft, erweisen sie sich als wenig belastbar, zeigen viele körperliche Stresssymptome und können sich nach Belastungen eher schwer und langsam regenerieren" (Mayr, 1995, S. 7f.).

Bestimmte Persönlichkeitsprobleme des potentiell Süchtigen lassen sich u. a. folgendermaßen kennzeichnen: niedrige Frustrationsschwelle in belastenden Situationen, früh angelegtes Misstrauen anderen gegenüber, ausgeprägtes Gefühl der Nutzlosigkeit mit entsprechenden Selbstwertkonflikten, psychische Niedergeschlagenheit, Erwartung von Misserfolgen, schwaches „Ich", reduziertes Funktionieren des „Über-Ichs", Unfähigkeit zur Konfliktverarbeitung, mangelnde Beziehungsfähigkeit.

Bestimmte Persönlichkeitsmerkmale zu benennen, die zu einer Sucht führen, ist nicht möglich, denn eine sog. „Suchtpersönlichkeit" ist bisher nicht nachweisbar. Neben einzelnen persönlichen Eigenschaften kann bei einer Suchtentstehung auch eine biologische Veranlagung eine Rolle spielen.

● **Genetische Faktoren**

In den letzten Jahren werden in der wissenschaftlichen Forschung und Diskussion die genetischen und neuro-biologischen Faktoren der Suchtursachen stärker beachtet.

Auch wenn die Bedeutung von Genen bei Suchterkrankungen zugenommen hat, ist es bisher nicht gelungen, die entsprechenden Gene zu ermitteln. Es ist davon auszugehen, dass das Risiko einer Suchterkrankung in Abhängigkeit von den biologischen Faktoren größer ist. Dieser Sachverhalt wird auch deutlich im Dispositions-Expositionsmodell des Mannheimer Suchtforschers Mann (Zentralinstitut für Seelische Gesundheit). Bei Menschen mit einer hohen Disposition reicht schon eine niedrigere Exposition, d. h. ein kurzer Zeitraum des Suchtmittelkonsums, damit eine Abhängigkeit entsteht. Bei Menschen mit einer niedrigeren Disposition kann die Exposition höher sein bis eine Abhängigkeit eintritt (vgl. Regierungspräsidium Stuttgart, 2009, S. 14f.).

Alan Leshner hat 1997 als Direktor des amerikanischen National Institute of Drug Abuse als Bilanz der jahrelangen neurowissenschaftlichen Forschungen die

Folgerung gezogen, dass Abhängigkeit eine Hirnkrankheit ist (vgl. Sucht Magazin IV/2009, S. 26). Neben einer genetischen Präposition, die manche Menschen unter vergleichbaren Bedingungen eher süchtig macht, ist auch das ständige Suchtverhalten, im Gegensatz zu früheren Ansichten, auf molekulare und histologisch nachweisbare Veränderungen im Gehirn zurückzuführen: „Neben den kurzfristigen Anpassungsreaktionen, die das Gehirn unter dem Einfluss von Drogen aller Art zeigt, können sich bei längerem Substanzmissbrauch auch die Verknüpfungen der Neuronen derart ändern, dass es zu einer dauerhaften und im schlimmsten Fall irreversiblen Veränderung der biochemischen Abläufe im Gehirn kommt. Diese neuen Erkenntnisse komplettieren die Erklärungsversuche zum Entstehen des Suchtverhaltens" (Regierungspräsidium Stuttgart, 2009, S. 18).

Tierversuche ergaben, dass unser Verhalten durch ein hochkomplexes Belohnungssystem gesteuert wird. Im entwicklungsgeschichtlich ältesten Teil unseres Gehirns, dem sogenannten Stammhirn, werden permanent die elementaren Bedürfnisse des Organismus ermittelt (Nahrungsaufnahme, Schlafen, Wärme, Sexualität). Gleichzeitig steuert das Zentralnervensystem die Körperfunktionen so, dass diese Bedürfnisse möglichst schnell befriedigt werden. Bei einer erfolgreichen Umsetzung wird im „Lustzentrum" des Stammhirns der Botenstoff Dopamin ausgeschüttet. Dieses Hormon führt zu einem Wohlbehagen und daraus entwickelt sich ein Wiederholungseffekt, d.h. das Individuum verspürt die Lust auf mehr (unwiderstehliches Verlangen): „Neue Forschungen zeigen, dass Dopamin aber auch auf eine bestimmte Region der Großhirnrinde einwirkt, in der Erwartungen der Bedürfnisbefriedigung mit der Erinnerung an den Erfolg verknüpft werden. Diese „Umschaltstation" bewirkt die Bildung von Gedächtniszellen, in denen fortan bestimmte Reize mit der Bedürfnisbefriedigung verknüpft werden. Dieses Gedächtnis führt dazu, dass Dopamin bereits dann ausgeschüttet wird, wenn ein Reiz alleine die Erwartung an einen Erfolg verheißt; Dopamin fungiert daher auch als „Aufmerksamkeitssignal" und belohnt somit potentiell erfolgreiches Handeln" (Regierungspräsidium Stuttgart, 2009, S. 19).

Offenbar werden durch den fortgesetzten Suchtmittelkonsum wichtige Schaltstellen im Nervensystem und im Gehirn falsch programmiert und dies kann somit erst recht zur Abhängigkeit führen. Gleichzeitig kann sich dabei nach kurzer Zeit das sogenannte „Suchtgedächtnis" herausbilden, das unter Umständen ein Leben lang erhalten bleibt. So wurde z.B. im Experiment nachgewiesen, dass eine alkoholabstinente Person in der Gehirnregion des Gedächtnisses auf Fotos von Alkohol unauffällig reagiert. Aktuell abhängige Alkoholiker reagieren auf die gleichen Reize sehr auffällig und selbst jahrelang abstinente Ex-Alkoholiker reagieren immer noch auffällig auf die entsprechenden Reizquellen. Nach den Erkenntnissen des National Institute of Drug Abuse ist Suchtverhalten eine Folge von wiederholt gestörten Regulationsstörungen im Belohnungssystem mit Auswirkungen auf Motivation, Gedächtnis und Impulskontrolle. Es gibt wohl kein Sucht-Gen, aber Veranlagungen und Eigenschaften, die das Risiko abhängig zu werden erhöhen. Wer gefährdet ist, süchtig zu werden, lässt sich bis jetzt auch aus detaillierten Kenntnissen über wichtige Vorgänge im Gehirn nicht schlüssig beantworten: „Als Fazit der aktuellen neurobiologischen Forschung kann man also feststellen, dass „Suchtverhalten" ab einem bestimmten Stadium auf tatsächlich nachweisbaren organischen Veränderungen beruht, die Regionen des Stammhirns und des Großhirns betreffen. Das betrifft auch nicht stoffliche Suchtformen wie Spielsucht, Arbeitssucht, Esssucht, etc., die auf gleiche Weise im Belohnungssystem wirken. Das entstehende „Suchtgedächtnis" erweist sich als besonders stabile Prägung und führt zu einem langfristigen biochemischen Ungleichgewicht in neuronalen Steuerungsprozessen. Chronischer Missbrauch erzeugt bleibende Veränderungen. Das führt u. a. zu einer Wahrnehmungsveränderung, durch die biologisch bedeutsamen Signale der Selbsterhaltung und der Fürsorge für sich und andere zugunsten der Sucht-Befriedigung unterdrückt werden. Es ist daher dringend geboten, dieses spezifische Stadium des Suchtverhaltens nicht länger als Charakterschwäche oder Frage des mangelnden Willens zu betrachten, sondern neue Behandlungswege zu erschließen, die den zellulären, molekularen und biochemischen Ursachen einer chronischen Krankheit begegnen" (Regierungspräsidium Stuttgart, 2009, S. 20f.).

2. Umwelt

Ob ein Mensch später süchtig wird oder nicht, hängt auch bis zu einem gewissen Grad von seinen Umwelteinflüssen ab. Umwelt bezieht sich hier auf alle direkten und indirekten Einflüsse, denen ein Mensch von der Befruchtung der Eizelle (Empfängnis) bis zu seinem Tode von außen her ausgesetzt ist. Hierbei können Familiensituation, Schule, Peer Group, Freizeit- und Konsumgewohnheiten, gesellschaftliche Hintergründe, die aktuelle Lebenssituation und das jeweilige spezielle soziale Umfeld eine wesentliche Rolle beim Erlernen des Umgangs mit Suchtmitteln spielen.

• Familie

Eltern wirken in erster Linie über ihr Bindungs- und Erziehungsverhalten sowie ihre Modellfunktion auf Kinder. Gestörte Familienverhältnisse („broken home") wie Trennungskonflikte, Tod, Krankheit oder Suchtverhalten eines Elternteils, aber auch Mangel an Geborgenheit und Halt, Vernachlässigung und fehlende Erziehung können ein Kind negativ beeinflussen. Als Ursachen für den Einstieg in die Suchtkarriere nannte eine Mannheimer Studie des Zentralinstituts für seelische Gesundheit eine gestörte Kindheit, wobei familiäre Belastungsfaktoren wie häufiger Streit oder Scheidung der Eltern, schlechte Wohnverhältnisse, Depression der Mutter sowie Kriminalität des Vaters besonders häufig in der Vorgeschichte der später rauchenden oder Alkohol konsumierenden Jugendlichen auftraten. Diese Faktoren traten meist schon in den ersten

Lebensjahren auf und begleiteten die Kinder und Jugendlichen in ihrer gesamten Entwicklungszeit. Gerade die Umstände der Entwicklung eines Kindes stellen Weichen für den weiteren Lebensweg. Solche Weichenstellungen erfolgen vor allem in Phasen des Umbruchs bzw. des Übergangs: mit Eintritt in die Kinderkrippe bzw. Kindergarten, mit Beginn der Grundschule und dem Einsetzen der Pubertät. Nach dem wissenschaftlichen Erkenntnisstand zeigt sich eindeutig, dass „eine warme und anregende Eltern-Kind-Beziehung die Basis für eine gesunde psychische Entwicklung bildet und dem Kind am ehesten das für seine psychische Stabilität und seine optimistische Lebenszuwendung erforderliche Maß an sozialer Geborgenheit und Selbstvertrauen vermitteln kann" (Rosemann, 1975, S. 128).

Man spricht von gestörtem Urvertrauen, wenn die Bedürfnisse des Kindes fundamental missachtet, vernachlässigt oder gar verletzt werden. Hier sind vor allem die Bedürfnisse nach Geborgenheit und Sicherheit gemeint. Werden diese Grundbedürfnisse auf Dauer nicht verlässlich befriedigt bzw. liegen frühe Störungen in der Eltern-Kind-Beziehung vor, die mit einem Vertrauensverlust des Kindes verbunden sind, kann dies die Entwicklung des Selbstwertgefühls behindern und das Kind verlangt eventuell eine Kompensation durch ein Suchtmittel (Ersatzhandlung/-befriedigung). Das Urvertrauen des Kindes ist also gewissermaßen gestört, das Kind bemerkt, dass es sich nicht auf seine Bezugspersonen verlassen kann. In Studien konnte belegt werden, „dass die Faktoren Intaktheit der Familie, Selbst-Bewusstsein und Selbstvertrauen von Eltern und das Sichkümmern um Kinder als frühe Schutzfaktoren protektiv gegen den späteren Konsum illegaler Drogen wirken können" (Mayr, 1995, S. 7).

Wenn es um die Entstehung von Sucht geht, prägt das Vorbildverhalten der Eltern. Kinder suchen sich Vorbilder zuerst in der eigenen Familie. Viele Eltern haben Schwierigkeiten vorausschauend die Konsequenzen ihres Handelns zu erkennen und sich dann entsprechend zu verhalten. Besonders problematisch ist es dann, wenn das eigene Vorbildverhalten und das theoretisch Vermittelte bzw. Geforderte auseinanderklaffen. Die Kindergartenkinder erfahren den Kontakt mit den legalen Drogen Nikotin und Alkohol überwiegend indirekt über das Modellverhalten von Mutter und Vater. Etwa drei Millionen Kinder leiden in Deutschland nach Schätzungen des Fachverbandes Freier Einrichtungen in der Suchtarbeit unter ihren Alkohol trinkenden Eltern. Eltern geben Vorbild durch ihr eigenes Verhalten. Wenn z. B. der Vater abends über seinen täglichen Frust schimpft, ihn mit Bier und Schnaps herunter spült, und nichts mit seiner Zeit anzufangen weiß, außer vor dem Fernseher zu sitzen, ist es da verwunderlich, wenn die Kinder die Eltern nachahmen? Die Lernpsychologie geht davon aus, dass jedes Verhalten erlernt ist, d. h. also dass auch Suchtverhalten wie Schreiben, Radfahren oder Autofahren gelernt wird und sich dann im sogenannten Suchtgedächtnis abspeichert. Modelllernen ist die wichtigste Form des Lernens für die Suchtentstehung. Das früheste Modell stellt das Elternhaus dar und ab der Pubertät ist als Vorbild die Peer Group entscheidend: „Imitationslernen, Lernen durch Versuch und Irrtum oder schöpferisches Experimentieren, sowie Identifikation mit engsten Bezugspersonen und der Gruppe der Gleichaltrigen, sind Prozesse, die hinsichtlich der Entwicklung von süchtigen Verhaltensweisen von Bedeutung sind" (Konzack, 1988, S. 24).

Suchtverhalten tritt häufig im Zusammenhang mit unbewältigten Konflikten und Problemsituationen auf: „Unangenehme Gefühle, schwierige Lebenssituationen werden über den Konsum verschiedenster Substanzen, über eine allgemeine Konsumhaltung oder aber durch spezifische Verhaltensweisen, die helfen der Situation/dem Gefühl auszuweichen, ausgeschaltet, nicht erlebbar gemacht" (Sozialministerium Baden-Württemberg, 1994, S. 3). Spannungen, Langeweile und vor allem Konflikte werden so kompensiert und aus dem Alltag verdrängt. Der Versuch, Probleme mittels Suchtmittel zu bewältigen oder zu verdrängen, deutet an, dass man in der Familie gar nicht oder nur mangelhaft gelernt hat, konstruktive Möglichkeiten zur Konfliktbewältigung zu entwickeln: „Nina: „Meine Mutter hat eine Zeitlang starke Beruhigungsmittel genommen … Ich hab die irgendwann auch geschluckt. Nico: „Meine Mutter hat früher Vesperax verschrieben gekriegt. Die lagen immer in der Küche herum. Als ich zehn Jahre war, bin ich das erste Mal rangegangen." Leo: „Mit fünf Jahren war ich das erste Mal angeheitert. Meine Oma hat immer gesagt: Ja gebt doch dem Jungen mal ein Schlückchen" (Kindermann, 1993, S. 40). Viele Kinder greifen auch oft – beruhend auf solchen Vorgeschichten – auf Ersatzmittel zurück, z. B. wenn sie häufig alleine gelassen werden. Um das Alleinsein, Einsamkeit und Langeweile einzudämmen und ertragen zu können, wird auf ein Ersatzmittel wie z. B. Fernseher oder Computerspiele zurückgegriffen. Auch Essen kann über Enttäuschungen und Frustrationserlebnissen hinweg helfen. Mit der Zeit verschiebt die erstrebte Kompensation immer mehr den echten Hunger als Motivation des Essens. Man isst, wenn man wieder eine Frustration erlebt hat – auch wenn der Körper eigentlich keine Nahrung braucht. Und man isst solange, wie man sich hierdurch irgendwie „besser" fühlt, bis der Körper die „Überfütterung" schließlich doch in Unwohlsein und vielleicht sogar Erbrechen spüren lässt. Essen als Ersatz für Zuwendung, Mitgefühl, Trost verselbständigt sich weitgehend vom „normalen" Zweck des Essens. Der Zugriff zu Ersatzstoffen wie z. B. Essen oder Fernseher liegt dann nahe, wenn sie zudem von der Werbung mit dem Leitbild von Ansehen und Erfolg besetzt werden.

In der frühkindlichen Entwicklung werden zur Befriedigung von Triebwünschen des Kindes seitens der Eltern Angebote gemacht, „die nicht persönlicher Art, sondern unpersönliche Mittel sind. Ein Kind, das sich ärgert oder Unlustgefühle hat, wird nicht mit Zuwendung befriedigt, sondern erhält Kindertee, Bonbons etc. Das Kind erwartet von der Mutter nicht (mehr), dass sie die Ursache der Unlust (das Problem) beseitigt, dass es getröstet wird, sondern es verschafft sich durch ein Ersatzmittel selber Lust und Wohlbefinden. Schließlich fordert es die

Mutter auch nicht mehr zur Beseitigung der Unlustgefühle auf, sondern wünscht sich nur noch das Ersatzmittel von ihr. Das Suchtmittel und seine Wirkung ist Ersatzmittel geworden für eine persönliche Bedürfnisbefriedigung. Diese frühkindliche Lernerfahrung bewirkt auch das spätere Verhalten Erwachsener, Konflikten, Problemen, Situationen der Unsicherheit mit einem Suchtmittel zu begegnen; die Ursache der Unlust nicht zu beseitigen oder anzugeben, sondern durch einen „Stoff" mehr oder minder nicht mehr so zu spüren" (Andreas-Siller, 1993, S. 15).

Auch der Erziehungsstil hat einen gewissen Einfluss auf die Entstehung von Suchtverhalten. Bei Untersuchungen fand sich bei Nichtabhängigen häufiger ein verständnisvoller, dagegen seltener ein autoritärer oder ein gleichgültiger Erziehungsstil als bei Süchtigen (vgl. Täschner, 1979, S. 22). Extremere Erziehungsmethoden wie ein autoritärer und versagender Erziehungsstil oder ein besonders beschützendes und gewähren lassendes Erziehungsverhalten begünstigen eher die Entstehung einer Sucht. Es spricht vieles dafür, „dass verwöhnte Jugendliche, die alles haben und denen fast jeder Wunsch erfüllt wird, oft keine klare Führung durch Erziehung erfahren und dass sie für das Leben nicht abgehärtet sind. Autoritär erzogene Jugendliche dagegen sind in ihrer Entfaltung oftmals behindert und neigen möglicherweise deshalb in verstärktem Maße zum Ausbruch aus vorgegebenen Ordnungen" (Täschner, 1979, S. 22). Es führt zu entsprechenden Konsequenzen, wenn einem Kind alles versagt wird. Es entstehen aber auch Probleme, wenn ihm Versagungen vorenthalten bleiben, d.h. das „Nein" die Grenzen des Machbaren aufzeigt. Auch eine dauernd inkonsequente Erziehung kann permanente Unsicherheit erzeugen und damit ebenfalls eine Ursache für süchtiges Verhalten sein.

„Wie Sie Ihre Kinder ermutigen können, Drogen zu nehmen

- Hören Sie Ihren Kindern niemals zu – sprechen Sie über sie, aber niemals mit ihnen.
- Vermeiden Sie es, sich in der Familie zusammenzusetzen.
- Schaffen Sie Familientraditionen, auf die sich Ihre Kinder womöglich noch freuen, ab.
- Untergraben Sie die Rolle Ihrer Erziehungspartnerin/Ihres Erziehungspartners, und lassen sie/ihn keinen Einfluss gewinnen.
- Legen Sie Wert auf die äußere Form, und lassen Sie die Finger von lästigen „Werte-Diskussionen".
- Schützen Sie Ihre Sprösslinge vor eigenen Erfahrungen z.B. mit Kälte, Müdigkeit, Abenteuer, Kränkung, Experimenten, Risiken, Bekannt- und Freundschaften, Herausforderungen etc.
- Halten Sie Ihren Kindern immer wieder einen Vortrag über die Gefährlichkeit von Drogen – Ihr eigenes Verhalten spielt dabei keine Rolle.

- Setzen Sie klare Prioritäten für die Bedeutung von materiellen Werten für Ihr Leben und das Ihrer Familie.
- Erwarten Sie von Ihren Kindern, dass sie in ihrem späteren Leben einmal all das verwirklichen, von dem sie immer geträumt haben.
- Sehen Sie in Ihrem Kind den „Winner-Typ", und erwarten Sie das auch von ihm.
- Stellen Sie kleinere Gesetzesüberschreitungen Ihrerseits z. B. im Straßenverkehr im Beisein Ihres Kindes als Kavaliersdelikte dar, die doch keiner merkt.
- Lassen Sie Ihre Kinder niemals selbst Verantwortung übernehmen, kümmern Sie sich um alle Angelegenheiten selbst.
- Gehen Sie wegen jeder Kleinigkeit zum Arzt.
- Lösen Sie die Probleme für Ihre Kinder – treffen Sie für sie die Entscheidungen" (Blobel/Wurz, 1992).

- **Schule**

Die Bedingungen des schulischen Lernens verlangen von dem Schüler eine weitgehende Anpassung an die zweckrationale Organisation dieser Institution, die nur wenig auf die individuellen Bedürfnisse und Gefühle der Kinder eingeht. Außerdem betont diese Bildungseinrichtung den intellektuellen Charakter in starkem Maße. Dadurch wird häufig verhindert, dass der Schüler das Gelernte in seinen Lebenszusammenhang integrieren kann. Zudem hat die wachsende Bedeutung schulischer Bildungsabschlüsse dazu geführt, dass viele Eltern von ihren Kindern bereits früh hohe Leistungen verlangen. Dadurch sollen schon Kindergartenkinder frühzeitig auf eine schulische Karriere eingeübt werden. Die Folgen sind oft Überforderungen durch Leistungsdruck, Überbetonung intellektueller Leistungen und gleichzeitig einhergehende unzureichende Lebensbewältigungsstrategien. Viele Schulkinder stehen offenbar unter höchster Anspannung. Sie sind nervös und leiden oft unter Schlafstörungen. Unter diesen überhöhten Leistungsansprüchen wird der Konkurrenzgedanke in der Schule verstärkt. Ein überhöhter Leistungsdruck erzeugt Angst vor dem Versagen. Für etliche Schüler kann dies zu ernsthaften Konflikten und Schwierigkeiten führen, die von ihnen allein nicht mehr zu bewältigen sind und damit u. a. auch als Mitverursacher für die Entstehung einer Sucht wirken können.

- **Peer Group**

Auch bestimmte Gruppenphänomene können bei der Genese der Suchtentstehung beteiligt sein. Insbesonders kann dabei die Zugehörigkeit zu einer Peer Group eine wichtige Rolle spielen. Unter einer Peer Group wird ein Zusammenschluss von annähernd gleichaltrigen Kindern bzw. Jugendlichen verstanden. Solche Gruppen (Cliquen) entstehen oft in der Nachbarschaft und in Schulen. Peer Groups haben eine wichtige Sozialisationsfunktion, denn in diesen Gruppen können die Kinder und Jugendlichen eigenständige, von der Herkunftsfamilie und der Erwachsenenwelt abweichende Verhaltensweisen ausprobieren und entwickeln. Durch diese Gruppen findet häufig eine stärkere Ablösung vom Elternhaus statt. Das Kind oder der Jugendliche orientiert sich in seinem Verhalten nicht mehr ausschließlich an den Eltern und den Erwachsenen, sondern an Gleichaltrigen. Die Ansichten der Clique haben für das Kind oder den Jugendlichen oft mehr Bedeutung, als die Ansichten der Eltern. Die Peer Group kann sowohl einen negativen, als auch einen positiven erzieherischen Einfluss ausüben: „Früher hatte Fetzer einen regelrechten Horror vor Schnaps und Bier. Es ekelte ihn davor. Hier, in der Schalke-Clique, gewöhnt er sich von einem Tag zum anderen das Saufen an. Das Saufen gehört einfach dazu. Alle saufen, dann muss man selber auch saufen, schon um dazuzugehören, um nicht abseits zu stehen. Es fällt Fetzer schwer zu erklären, was für ihn persönlich so reizvoll daran ist, betrunken zu sein. „Dat is einfach ein schönes Gefühl. Die Pulle anzusetzen, et laufen zu lassen. Dann wird dat gleich lustiger. Dann wirste mutiger, dann merkste, wie dat oben inne Birne ausflippt, da verlierste den Verstand, fühlst dich leicht und locker." Fetzer fühlt sich dann vor allem stark. Bei der kleinsten Gelegenheit schlägt er dann schon zu" (Pramann, 1980, S. 98).

In Peer Groups können durch eine Mischung von vertraulichem Miteinander und gemeinsamem Erlebnishunger Situationen entstehen, die das einzelne Gruppenmitglied in eine Verführungssituation bringen kann. Dabei ist häufig der sogenannte Gruppendruck zu beobachten, der hier als massive Herausforderung und Belastung den Einzelnen bedrängt, um z. B. zur Gruppe dazugehören zu können.

- **Gesellschaftliche und kulturelle Hintergründe**

Jedes Kind wird von seinem sozialen Kontext beeinflusst und von den umgebenden gesellschaftlichen und kulturellen Verhältnissen geprägt. Gemeint ist damit die Art und Weise, wie verschiedene Lebensbereiche (Familie, Wohnen, Freizeit, Bildung, Arbeit, Politik, Religion, Leistungs- und Konsumorientierung, Bevölkerungsstruktur usw.) organisiert sind und wie im Zusammenwirken dieser Strukturelemente das Individuum über einen längeren Zeitraum von ihnen sozialisiert wird.

Veränderte Kindheit

Kinder und Jugendliche müssen heute mit einer viel komplizierteren, unübersichtlicheren und auch verführerischen Umwelt zurechtkommen, als früher. Die folgende Aufstellung soll die Anforderungen und Belastungen, denen Kinder und Jugendliche ausgesetzt sind, punktuell widerspiegeln:

- Einfluss optischer und akustischer Medien
- Sorgen um einen guten Schulabschluss und eine qualifizierte Ausbildung, Leistungsdruck (z. B. Numerus Clausus, Arbeitslosigkeit)
- Konkurrenzdenken und -verhalten
- Umweltgefährdungen
- Auseinandersetzung mit der Integration von Migrantenkindern
- Erwartete Mobilität von Familien, Anpassung an eine neue Umgebung (z. B. nach einem Umzug)
- Freistellung der Kinder von Mitarbeit in der Familie wegen Schule und Förderung (Sport, Ballet, Musik, Nachhilfeunterricht usw.)
- Verplanung der Kinder (Freizeit, Ganztagsschulen)
- Zunehmender Einfluss öffentlicher Erziehungs- und Bildungsinstitutionen (Kindertagesstätten, Ganztagsschulen)
- Verunsicherung der Eltern durch unterschiedliche Erziehungsziele und -tips
- Desorientierte Eltern, die selbst keine Orientierung geben können
- Leistung und Konsum als manchmal einzige Wertorientierung
- Arbeitslosigkeit der Eltern
- Alkohol- und Drogenabhängigkeit der Eltern
- Gewalt in Familien (Kindesmisshandlungen, sexueller Missbrauch usw.)

Steigende Scheidungsraten, Kinder mit Zweit- und Dritteltern, Alleinerziehende, „Restfamilien", Kinder ohne Geschwister, rückläufige Geburtenrate und allein gelassene Kinder: Diese Stichwörter verraten, dass sich die Lebenswirklichkeit vieler Kinder und Jugendlicher in den letzten 30 Jahren grundlegend verändert hat. Allein die Aufzählung dieser Veränderungen kann einen Erwachsenen schon „schwindlig" machen. Kinder und Jugendliche haben diese Veränderungen aber irgendwie zu verkraften.

Die gegenwärtige Lebenssituation des einzelnen Kindes kann aufgrund der vielfältigen und sich häufig wechselnden Veränderungen entweder als Herausforderung betrachtet und angegangen werden oder als unausweichliches Schicksal eine permanente Bedrohung darstellen.

Konsum / Freizeit

Das Konsumverhalten in unserer Gesellschaft kann manchmal auch eine begünstigende Ursache bei einer Suchtentstehung sein. Viele Konsumgüter und Suchtmittel genügen längst nicht mehr nur ihrem ursprünglichen Zweck, sondern mit ihnen wird auch ein Stück Lebensgefühl, Selbstbewusstsein und Identität erworben und gebraucht. Sobald man heute das Fernsehgerät einschaltet, gibt es meist Werbung. Da werden ständig neue Produkte und verbesserte oder neue Variationen, sei es im Süßigkeiten-, Alkohol- oder Automobilbereich, angepriesen.

Die Werbung zielt auf Empfindungen, Bedürfnisse und Gefühle der Konsumenten ab, wühlt hier bestehende Erlebnisdefizite auf und schafft so folglich neue Bedürfnisse: „Unangenehme Gefühle, schwierige Lebenssituationen werden über den Konsum verschiedenster Substanzen, über eine allgemeine Konsumhaltung oder aber durch spezifische Verhaltensweisen, die helfen der Situation/ dem Gefühl auszuweichen, ausgeschaltet, nicht erlebbar gemacht" (Sozialministerium Baden-Württemberg, 1994, S. 3). Spannungen, Langeweile und vor allem Konflikte werden so kompensiert und aus dem Alltag verdrängt. Aus solchen Verhaltensweisen kann sich langfristig ein Suchverhalten entwickeln. Auch Kinder werden alltäglich mit Werbung konfrontiert und wachsen damit sozusagen in die Konsumwelt hinein.

Vielen Kindern wird über entstandene Erlebnisdefizite (z. B. wenn die Eltern keine Zeit haben) hinweggeholfen, indem sie etwas bekommen (Spielzeug oder Süßigkeiten), das als Ausgleich und somit als Ersatzmittel dienen soll. Die vorgegebene Freizeit- und Erlebniswelt vermittelt häufig nur wenig Gelegenheit für Selbstverwirklichung, Kreativität und Spontaneität, sondern unterstützt eher Langeweile und Lustlosigkeit. Der Konsum von Ersatzstoffen (Genuss- und Rauschmittel) liegt nahe, besonders dann, wenn sie von der Werbung mit dem Image von Freiheit, Prestige und Erfolg besetzt werden.

Normen und Werte

Normen und Werte beziehen sich auf Verhaltensregeln und Verhaltensmöglichkeiten (z. B. Gesetze, Sitten und Gebräuche) in bestimmten Lebensbereichen, die aus der bewussten oder unbewussten Übereinstimmung innerhalb der Gesellschaft entstanden sind. Normen und Wertvorstellungen nehmen auf das Verhalten in zustimmender oder ablehnender Weise Einfluss und wirken damit auf die Sinnorientierung eines Individuums. Die „suchtfördernde" Gesellschaft ist gekennzeichnet durch: Verlust an Religiosität, zu Unverbindlichkeit neigendem Wertpluralismus, Hinwendung zu materiellen Zielen, Überbetonung des Rationalen und Vernachlässigung des Emotionalen. Überschaubare Verhaltensregeln erleichtern es den Kindern, sich zu recht zu finden, aber wenn sie fehlen, werden Kinder überfordert. Normen und Werte lernen Kinder meist über Vorbilder. Kinder sollten früh lernen, für ihr Handeln Verantwortung zu übernehmen, um damit positive oder negative Konsequenzen ihres Handelns zu erleben:

„Spätestens im Kindergarten- und Grundschulalter sind genügend Situationen denkbar, in denen dem Kind notwendige Entscheidungsfreiräume eingeräumt werden können. Sicherlich gibt es auch Situationen (wie z. B. im Straßenverkehr), in denen dem Entscheidungsfreiraum von Kindern angesichts der Gefahr für Leib und Leben Grenzen gesetzt werden müssen. Häufig aber setzen wir Kindern in absolut ungefährlichen Situationen auch aus eigener Bequemlichkeit Grenzen, anstatt uns mit ihnen auseinander zusetzen, ihnen Gelegenheit zur Erprobung und Weiterentwicklung zu geben" (Konzack, 1988, S. 28).

3. Verfügbarkeit von Suchtmitteln

In unserer Gesellschaft ist Suchtverhalten relativ alltäglich und wird doch häufig verdrängt. Jede Gesellschaft besitzt ihre speziellen Suchtmittel, die mehr oder weniger zum gesellschaftlichen Leben dazu zählen. Alkohol und Nikotin sind in unserer Gesellschaft die besonders hervorstechenden und leicht verfügbaren Suchtmittel: Selbst bei Sommerfesten in Kindergärten und Schulen ist es meist Brauch, dass alkoholische Getränke angeboten werden. In unmittelbarer Nähe der Thorax-Klinik in Heidelberg, in der besonders an Lungenkrebs erkrankte Nikotinabhängige behandelt werden, befinden sich Zigarettenautomaten. Noch nie waren für junge Menschen so viele verschiedene Suchtmittel verfügbar wie heute. Während Zigaretten und Alcopops teurer wurden, sind andere Suchtmittel (wie z. B. Haschisch, Heroin, Kokain) in den letzten 20 Jahren deutlich billiger geworden. Illegale Drogen sind heute preislich mit legalen Suchtmitteln konkurrenzfähig. Außerdem ist heute der Zugang zu Suchtmitteln, trotz aller Gesetze und Jugendschutz, für junge Menschen relativ leicht möglich. Zudem führt der rasche Struktur- und Konsumwandel zu großen Wissens- und Informationsdefiziten bei jugendlichen Konsumenten, Eltern, Lehrern und Vorgesetzten in Betrieben (z. B. Wasserpfeife als „Rauchertraining").

4. Suchtgefährdete Kinder

4.1 Kindliche Verhaltensauffälligkeiten als Risikofaktoren

Täglich werden ErzieherInnen und LehrerInnen während ihrer Arbeit in Kindergärten, Schülerhorten, Heimen und Schulen mit Problemen konfrontiert, die von verhaltensauffälligen Kindern ausgehen. Störendes Verhalten, das hierbei besonders beobachtet wird, sind: Aggressionen, Narzismus, unsoziales Verhalten, Gehemmtheit, Passivität, Nervosität, Lernschwächen, Sprachstörungen, Unruhe, Einnässen und Entwicklungsverzögerungen. Studien belegen eine enge Verbindung von kindlichen Verhaltensauffälligkeiten und späterem Suchtverhalten.

Dabei werden bestimmte kindliche Verhaltensmerkmale als Risikofaktoren für eine spätere Suchtentwicklung angegeben. In der nachfolgenden Abbildung werden solche kindlichen Verhaltensauffälligkeiten aufgeführt und es wird schematisch verdeutlicht, wie sie vielfach wirken (vgl. Mayr, 1995, S. 9):

Vorschulalter

1. Sozialverhalten:
   - Aggression
   - Aggression und Hemmung
   - Mangel an sozialer Kompetenz, Defizite im Sozialverhalten
   - Probleme in Paarbeziehungen
   - Kommunikationsdefizite

2. Stressbewältigung:
   - Hohe Stressanfälligkeit
   - Defizite im Bewältigungsverhalten

3. Gefühlsbereich:
   - Geringer Selbstwert
   - Mangel an Vitalität
   - Unfähigkeit, negative Gefühle zuzulassen

Familiäre Merkmale

1. Schutzfaktoren:
   - Intaktheit der Familie
   - Selbstbewusstsein der Eltern
   - Selbstvertrauen der Eltern
   - sich kümmern um Kinder

2. Risikofaktoren:
- Mangelnde Sensibilität für kindliche Signale
- Kälte, Distanz, Feindlichkeit gegen Kinder
- Mangel an emotionaler und aufgabenbezogener Unterstützung

Unter dem Aspekt einer potentiellen Suchtgefährdung sind besonders drei Gruppen von Kindern zu beachten:

- Kinder, die bereits deutliche spezielle Störungen aufweisen (psychosomatische Leiden, Essstörungen usw.),
- Kinder, die stark auffälliges Verhalten hinsichtlich Sozialverhalten, Stressbewältigung und dem Umgang mit Gefühlen zeigen. Hierzu zählen besonders Kinder, die Verhaltensmerkmale wie übermäßige Aggression, soziale Auffälligkeiten wie fortgesetzter Diebstahl und Weglaufen, zerstörerische Gewalt, starkes Außenseiterverhalten, Kommunikationsdefizite, hohe Stressanfälligkeit und ein geringes Selbstwertgefühl aufweisen.
- Kinder, die aus Familien stammen, in denen ein Elternteil oder beide Elternteile suchtkrank sind oder waren.
  Kinder aus solchen Familien gelten als besonders suchtgefährdet. Untersuchungen zeigen, dass bei einer hohen Anzahl junger suchtkranker Menschen mindestens ein Elternteil selber Suchtprobleme hatte (Vater: 54 Prozent, Mutter: 25 Prozent, bei 17 Prozent hatten beide Elternteile Suchtprobleme). Das erhöhte Risiko hängt mit der Vorbildwirkung der Eltern und den besonderen Belastungen in solchen Familien zusammen.

4.2 Kinder aus suchtkranken Familien

„Sara ist Frühaufsteherin. Ihr Wecker klingelt um 5.30 Uhr. Dann wird zuerst einmal die Küche aufgeräumt, Flaschen weg, Aschenbecher leeren, Fenster auf und lüften. Meistens kocht sie das Mittagessen vor. Dann richtet Sara das Frühstück und die Pausenbrote. Anschließend weckt sie Tommy und Oliver und hilft ihnen beim Anziehen. Sind alle fertig, bringt sie Tommy in den Kindergarten und Oliver in die Schule. Sara ist zwölf Jahre alt. Ihre Mutter ist Alkoholikerin" (Brändle/Dilger, 2003, in: Freundeskreise für Suchtkrankenhilfe, o.Jg., S. 3).

ErzieherInnen und LehrerInnen haben täglich mit Kindern zu tun, die einen ähnlichen Alltag wie Sara erleben. Suchtprobleme gibt es ungefähr in jeder siebten bis achten Familie. Das hat zur Folge, dass fast jedes sechste Kind in einer Schulklasse oder Kindergartengruppe in einer Familie lebt, in der ein Elternteil oder beide Eltern von Suchtmitteln abhängig sind. Viele Forschungen bestätigen, dass Kinder suchtkranker Eltern ein bis zu sechsmal höheres Risiko aufweisen, selbst suchtkrank zu werden als Kinder aus anderen Familien. Wesentliche Risikofaktoren sind dabei das familiäre Klima, Unberechenbarkeit, Stress, Gewalt, Vernachlässigung, Misshandlung und Instabilität. Nach Zobel (2000) kommen weitere Bedingungen und Auffälligkeiten hinzu.

Kinder suchtkranker Eltern

- werden in der Schule häufiger durch mangelnde Leistungen und unangemessenes Verhalten auffällig,
- erreichen geringere Leistungen im Intelligenz-Test und beim sprachlichen Ausdrucksvermögen,
- zeigen vermehrt Hyperaktivität und Aufmerksamkeitsstörungen und häufiger eine Störung des Sozialverhaltens,
- weisen mehr Ängste und depressive Symptome auf, insbesondere bei einer als belastend empfundenen häuslichen Atmosphäre,
- sind öfter sexuellem Missbrauch ausgesetzt,
- neigen eher zu somatischen und psychosomatischen Symptomen.

Als junge Erwachsene berichten Kinder suchtkranker Eltern häufig von Problemen in zwischenmenschlichen Beziehungen. Das kann zur Folge haben, dass mehrmals schwierige Beziehungen aufgenommen werden (z. B. zu suchtgefährdeten oder psychisch erkrankten Menschen). Die Belastungen der Kindheit zeigen sich oft erst im Erwachsenenalter zwischen 20 und 30 Jahren in Umbruchsituationen und Übergängen im Leben als psychische Spätfolgen. Nicht alle Kinder suchtkranker Eltern entwickeln sich automatisch in der beschriebenen Weise, denn jedes Kind hat seine eigene individuelle Art mit seinen familiären Erlebnissen und Erfahrungen umzugehen. Außerdem sind vielfältige Faktoren bei der Entwicklung des Kindes zu beachten, wie z. B. (vgl. Klein, 2005):

- Wer trinkt (Mutter, Vater oder beide)?
- Wer trinkt noch im Umfeld (Großeltern, Onkel ...)?
- Wann trat die Sucht auf? Wie lange wird schon z. B. getrunken? Welchen Verlauf hat die Sucht?
- Typ und Schweregrad der Sucht?
- Alter der Kinder bei der Entwicklung der Suchterkrankung des Elternteils?
- Wie lange und wie haben die Kinder das Suchtgeschehen miterlebt?
- Weitere Störungen bei den Eltern?
- Andere problematische Lebenslagen wie Trennung, Scheidung, Todesfälle, finanzielle Schwierigkeiten.

Merkmale einer Suchtfamilie

Kinder stellen in der Familie in der Regel die schwächsten Mitglieder dar. Ihre Widerstandskraft und ihre Entwicklungsmöglichkeiten sind je nach Alter eingeschränkt oder gehemmt, wenn z. B. ein Elternteil suchtkrank ist. In einer sogenannten Suchtfamilie richtet sich die Aufmerksamkeit sehr viel auf das süchtige Familienmitglied: „Der Süchtige konzentriert all seine Aufmerksamkeit und Energie auf die Befriedigung seiner Sucht. Der (Ehe-)Partner richtet all seine Energie und Aufmerksamkeit wiederum auf den Süchtigen. Für die Kinder bedeutet dies: Es bleibt für sie kaum Zeit, Zuwendung und wirkliche Aufmerksamkeit übrig. Kinder suchtkranker Eltern finden innerhalb ihrer Familien keine stabile und haltgebende, liebevolle und vor allem verlässliche Struktur vor" (Freundeskreis für Suchtkrankenhilfe, o. Jg., S. 7).

Nach Arenz-Greiving (1998) sind folgende Merkmale einer Suchtfamilie zu beachten:

1. Isolierung der Familie

Da niemand das Problem bemerken soll, schottet sich die Familie nach außen ab. Für die Kinder bedeutet dies oft Einsamkeit als eine unmittelbare Folge. Die Kinder spüren, dass über das Suchtproblem und seine Folgen nicht gesprochen werden darf. Außerdem schämen sie sich für das elterliche Suchtverhalten. Als eine weitere Reaktion der Kinder ist zu beobachten, dass sie kaum Klassenkameraden zu sich nach Hause einladen, aber sich auch seltener in einem Verein betätigen. So bleiben sie mit ihren Erfahrungen und Empfindungen allein, wenn nicht eine stützende Beziehung zum nicht suchtkranken Elternteil oder zu einer anderen Bezugsperson ihnen die Möglichkeit gibt, über das Erlebte zu reden.

Für den von einer Sucherkrankung betroffenen Elternteil ist es auch heute noch immer schwer sich das Suchtproblem sowohl privat, aber erst recht öffentlich, einzugestehen. Eine Suchtproblematik gilt häufig immer noch als eine Krankheit mit Stigmatisierung oder als Ausdruck von Schwäche, Versagen oder gar Schande. Deshalb bemühen sich meist alle Familienmitglieder darum, nach außen den Eindruck einer „heilen Welt" zu vermitteln. Sehr früh lernen dabei die Kinder, nach außen die Fassade zu wahren und über das Familientabu zu schweigen. Die Kinder werden dabei zu einem Geheimnisträger der elterlichen Sucherkrankung. Meist ausgehend von dem abhängigen Elternteil werden stillschweigend oder offensichtlich Regeln aufgestellt, die seinen persönlichen Zielen entsprechen (z. B. Garantie auf den Zugriff auf das Suchtmittel). Diese Regeln, nach denen sich alle Familienmitglieder richten sollen, halten das Familiensystem geschlossen und blockieren die Entwicklung jedes Familienmitgliedes. Der Ausprägungsgrad der einzelnen Regeln ist familienspezifisch.

– 1. Regel: „Rede nicht!"

Weder innerhalb noch außerhalb der Familie darf über das eigentliche Problem gesprochen werden. Die Sucherkrankung wird verleugnet, geheim gehalten und der abhängige Elternteil für sein Verhalten verteidigt.

– 2. Regel: „Fühle nicht!"

Durch das Verdrängen von Gefühlen sollen Schmerzen vermieden und den Eltern nicht noch das eigene Leid aufgebürdet werden: „Durch das Leugnen der Gefühle wird der Zugang zum emotionalen Erleben verlernt, wodurch auch angenehme Gefühle nicht mehr wahrzunehmen sind oder fremd werden. Für die Kinder heißt das, sie müssen schnell erwachsen werden, viel Verantwortung übernehmen, viel Helfen und wenig Anforderungen an die Eltern stellen. Die Forderung an sie lautet: Sei stark, gut, perfekt. Mach immer alles richtig. Mach uns stolz" (Freundeskreise für Suchtkrankenhilfe, o. Jg., S. 13).

– 3. Regel: „Traue nicht!"

Die Sucht macht Abhängige und Angehörige zu Lügnern. Wenn sich dieses „System" in einer Familie etabliert hat, kann man sich auf nichts und niemanden mehr verlassen: „Durch die Botschaft der Familie, dass alles normal sei, und der gegenteiligen Wahrnehmung der Kinder, lernen sie, weder sich noch anderen zu trauen" (vgl. Arenz-Greiving, 1998).

2. Gespannte Familienatmosphäre

Extreme Stimmungsschwankungen bedingt durch häufige elterliche Streitigkeiten und eheliche Spannungen bedeutet auch für die Kinder oft eine Berg- und Talfahrt der eigenen Gefühle. Die Kinder sind einer Zerreißprobe zwischen den Eltern ausgesetzt und können oft zu keinem von beiden eine emotionale Bindung herstellen. In diesem familiären Umfeld erleben sich die Kinder selbst als weitgehend ohnmächtig, ungeborgen, unsicher und ängstlich.

3. Kommunikationsstörungen

Charakteristisch für die Suchtfamilie ist das starke Verleugnen des Suchtproblems und der zugrunde liegenden Beziehungsproblematik. Konflikten wird in der Regel ausgewichen und die Kinder lernen, dass man Worten und Versprechen nicht vertrauen kann und sie erleben, den eigenen Gefühlen und Wahrnehmungen zu misstrauen. Die innerfamiliäre Kommunikation ist gekennzeichnet durch Beschwichtigungen, Halbwahrheiten, Bagatellisierungen und Notlügen.

4. Inkonsequenter Erziehungsstil

Der Alltag in der Suchtfamilie ist geprägt von einer elterlichen Erziehung, die zwischen autoritärem Verhalten und starker Zuneigung bzw. zwischen Härte und Verwöhnung hin und her pendelt. Dies vermittelt den Kindern die Grunderfahrung, dass sie sich auf ihre Eltern nicht verlassen können. In einem solchem Erziehungsklima kann es auch zu Grenzüberschreitungen kommen, die als psychische und körperliche Misshandlungen oder als sexuelle Gewalt auftreten können.

Kindliche Rollen in Suchtfamilien

In der Primärgruppe Familie wird vom einzelnen Mitglied erwartet, dass es sich in einer bestimmten Art und Weise verhalten soll (z. B. Aufgabenverteilung). Daraus entwickelt sich eine Rolle in dauernder Wechselwirkung zwischen dem

Rollenträger und den Erwartungshaltungen, die ihm in der Familie entgegen gebracht werden. Der Begriff Rolle umfasst die Gesamtheit von Verhaltenserwartungen und Verhaltensanforderungen, die an ein Individuum in einer bestimmten sozialen Position innerhalb einer Gruppe geknüpft sind. Die Ausformung und Zuordnung der Rolle wird wesentlich von zwei Faktoren bestimmt:
- von den individuellen Eigenarten und Persönlichkeitsmerkmalen des Rollenträgers selbst
- und von der Erwartungshaltung der Gruppe.

Jedes Mitglied übernimmt im Laufe der Zeit innerhalb der Familie eine bestimmte Rolle, wobei sich bestimmte Rollenfunktionen entwickeln. Ausgehend von Wegscheider (1988) werden im Folgenden wesentliche Rollen beschrieben, die vor allem von Kindern in Suchtfamilien häufig übernommen werden.

1. Der Familienheld oder die Verantwortungsbewusste

Hier handelt es sich meist um das älteste Kind oder ein Einzelkind. Es übernimmt die Aufgaben, die die Eltern nicht mehr übernehmen können oder unzureichend wahrnehmen. Besonders wenn die Mutter suchtkrank ist, fällt dem ältesten Kind, meist der Tochter, die Verantwortung für Haushaltsführung und Erziehung und Betreuung der jüngeren Geschwister zu. Als Konsequenzen können sich daraus für das Kind ergeben:
- Gefühlsmäßige „Unterernährung"
- starke Abhängigkeit von Lob und Anerkennung
- zu frühe Verantwortungslast
- Verinnerlichung von Ernsthaftigkeit und Pflichtbewusstsein
- Es fällt ihnen schwer, sich zu entspannen, Spaß zu haben bzw. dem Leben Leichtigkeit abzugewinnen.
- Helfen als Lebenssinn: Häufig wählen sie als Erwachsene einen helfenden Beruf. Sie arbeiten tüchtig, zuverlässig und gewissenhaft, geraten jedoch schnell in Panik, wenn Unvorhergesehenes geschieht.
- Spätere Gefahr der Co-Abhängigkeit: Als Erwachsene suchen sie sich unbewusst oft Partner oder Menschen, die in irgendeiner Weise auf Hilfe angewiesen sind. Damit wiederholen sie die erlernten Beziehungsmuster, die die Entstehung einer Sucht begünstigen.

2. Das schwarze Schaf oder der Sündenbock

In diese Rolle wird meist das zweite oder das mittlere Kind gedrängt: „Es verinnerlicht das Chaos der Familie und lebt es durch auffälliges und unangemessenes Verhalten aus. Damit übernimmt es die Aufgabe, die Familie zu entlasten und lenkt so vom eigentlichen Problem ab" (Freundeskreise für Suchtkrankenhilfe, o. Jg., S. 17). Das Kind zeigt häufig Verhaltensauffälligkeiten wie z. B. Einnässen, Lernstörungen usw. Das betroffene Kind versucht, Beachtung, Aufmerksamkeit und Zuneigung, wenn auch im negativen Sinne, zu erreichen. Durch sein auffälliges Verhalten kommt es häufig in schwierige Situationen (z. B. Schlägereien, Anschluss an Problem-Gruppen). Damit besteht die Gefahr, dass der Sündenbock bereits in einem frühen Stadium Nikotin, Alkohol oder Drogen konsumiert und sich eine eigene Sucht entwickelt. Unter der abweisenden Fassade dieser Kinder (z. B. Aggressivität, Feindseligkeit usw.) sind vor allem Schmerz, Einsamkeit und das Gefühl der Zurückweisung verborgen. Es besteht jedoch durch das auffällige Verhalten des Sündenbocks die Chance, dass das „Familiengeheimnis" aufgedeckt wird, wenn z. B. Eltern wegen den großen Problemen mit diesem Kind in eine Erziehungsberatungsstelle gehen. Dabei können die Suchterkrankung und auch die gesamte belastete Familiensituation deutlich zu Tage treten.

3. Das „verlorene", stille oder vergessene Kind

Dieses Kind stellt keine Anforderungen an die Eltern. Weil es keine positive oder negative Aufmerksamkeit auf sich zieht, bleibt es für andere unauffällig. Diese Kinder leben zurückgezogen und versuchen in ihrer Rolle, Konflikte zu vermeiden und sich der familiären Situation still anzupassen. Daraus ergibt sich eine Fluchttendenz in einzelgängerische Aktivitäten wie Lesen, Phantasieren und Tagträumen. Durch den sozialen Rückzug und die damit verbundene Isolation und Flucht in eine Traumwelt, bedient sich das Kind häufig bei den Medien (Computer, Fernsehen) als Ersatz. Das grundlegende Gefühl dieses Kindes ist von Minderwertigkeit und Verlassenheit, von Einsamkeit und Hoffnungslosigkeit gekennzeichnet. Das häufig ausgeprägte Selbstwertproblem kann die Kinder veranlassen, ihre innere Leere mit Essen zu füllen oder Alkohol und andere Drogen zu konsumieren.

4. Der Clown

Der Clown ist häufig das jüngste Kind. Durch Späße, Witze, lustige Erzählungen, Nachäffen oder Streiche versucht er, die Familie zum Lachen zu bringen. Dadurch vermindert er die familiären Spannungen, lenkt so von der schwierigen Grundstimmung in der Familie ab und erhält außerdem Aufmerksamkeit. Obwohl diese Kinder durch die Fähigkeit, für gute Stimmung zu sorgen, recht beliebt sind, erhalten sie doch keine wirkliche Anerkennung. Meist werden sie von niemandem richtig ernst genommen, da sie in ihrem Sozialverhalten außer dem Spaßmachen wenig weitere Kompetenzen entwickelt haben.

5. Suchtmittel und Kinder

5.1 Essen

Essstörungen sind nach den Beobachtungen von Experten auf dem Vormarsch, auch bei Jungen und Männern, die schätzungsweise zwischen fünf und zehn Prozent der Betroffenen ausmachen. Essstörungen können sich in verschiedener Weise bemerkbar machen. Das Essen bzw. die Kontrolle der Nahrungsaufnahme wird besonders für Mädchen zum Problem. Sie essen zu viel (Fettsucht/Adipositas), sie verweigern die Nahrungsaufnahme (Magersucht/Anorexia nervosa) oder sie nehmen große Mengen an Nahrung zu sich und erbrechen die gegessenen Speisen wieder (Ess-Brech-Sucht/Bulima nervosa). Diese Krankheitsbilder sind in erster Linie bei Mädchen in der Pubertät und bei jungen Frauen anzutreffen. Gemeinsamer Nenner dieser Essstörungen ist, dass sich das Leben der Betroffenen nahezu zwanghaft um das Essen oder das Nicht-Essen dreht. Sie sind unablässig mit der Nahrungsaufnahme und der Kontrolle ihres Essverhaltens beschäftigt. Die Gestaltung des Alltags und das subjektive Wohlbefinden werden davon abhängig gemacht.

Unbeschwertes Genießen, gesunder Appetit und Hunger sind ihnen fremd. Das Essen ist vom Lebensmittel zum Lebensinhalt geworden. Nach wie vor sind von Essstörungen vor allem Frauen und Mädchen betroffen. Essstörungen sind ein Phänomen der westlichen Wohlstandsgesellschaft, denn sie haben etwas mit jenen Bedingungen zu tun, unter denen Mädchen in den Industrieländern aufwachsen und sich über ihren Körper repräsentieren.

Der Schlankheitswahn erfasst immer Jüngere. Man schätzt, dass ein Viertel der Sieben- bis Zehnjährigen sowie die Hälfte der Elf- bis Zwölfjährigen schon mal eine Diät gemacht haben. Dahinter verbirgt sich häufig die Unfähigkeit, sich selbst und den eigenen Körper realistisch zu sehen. Stattdessen wird das Schlankheitsideal der Gesellschaft verinnerlicht, ins Extrem überzogen und zum persönlichen Maßstab gewählt. Essstörungen werden nicht nur immer häufiger, sie beginnen auch immer früher.

In Studien wird beschrieben, dass bei essgestörten Mädchen frühkindliche Unlustäußerungen besonders schnell mit Nahrungsangeboten beantwortet wurden, so dass allgemein eine enge Koppelung von Essen und Unlust entstanden ist. Schwierigkeiten beim Essen ergeben sich häufig auch aus einer Überbewertung der Ernährung. Mit Lebensmitteln wird das Kind von den Erwachsenen oft

- belohnt (Motto: „Wenn Du schön brav bist, bringe ich Dir Schokolade mit")
- gestraft (Motto: „Zur Strafe gibt es kein Eis")
- getröstet (Motto: „Du bekommst ein kleines Trostpflaster")
- geliebt (Motto: „Meinem Liebling gönne ich was besonders Feines").

Kindliche Bedürfnisse nach Zeit, Zuwendung und Zärtlichkeit lassen sich nicht durch Lebensmittel befriedigen. Deshalb sollten die Kinder nicht ständig mit

Süßigkeiten über einen Mangel an solchen Bedürfnissen hinweggetröstet werden. Die Gefahr ist groß, dass sie sich früh daran gewöhnen, stets ihren Kummer mit Nahrung zu stillen und seelische Bedürfnisse mit „Eßbarem" zu befriedigen. Damit ist dann bereits die Basis für unterschiedliche Formen der Sucht wie Fettsucht, Alkohol oder Rauchen geschaffen.

In den ersten Lebensmonaten ist die Nahrungsaufnahme des Babys eng verbunden mit den Gefühlen der Sicherheit, Geborgenheit und des Versorgtwerdens. Dies ist dadurch bedingt, dass das Stillen des Kindes immer mit dem Auf-den-Arm-nehmen, Sprechen und körperlicher Nähe verbunden ist.

So werden schon im Säuglingsalter Nähe und Nahrung verknüpft: „Je älter wir werden, desto häufiger spüren wir, dass wir keine Nähe bekommen in Situationen, in denen wir sie eigentlich brächten. Als Ersatz bekommen wir oft Nahrung oder den Schnuller. So werden an Speisen unbewusste Botschaften geknüpft und so entsteht die gedankliche Konditionierung: „Wenn es mir schlecht geht, muss ich essen" (Winter, in: Frankfurter Rundschau, 22.09.2011).

Essen hat einen wichtigen Wert im sozialen Zusammenleben, der jedoch in vielen Familien aus oft zeitlichen Gründen verloren gegangen ist. Viele Kinder erleben das gemeinsame Mittagessen in der Familie nicht mehr, denn sie sind entweder alleine oder essen z. B. in der Kindertagesstätte bzw. in der Ganztagesschule.

Eine Untersuchung von Hurrelmann (1995) bei 2 400 Kindern und Jugendlichen ergab, dass 15 Prozent eines Jahrgangs ohne Frühstück in die Schule gehen: „Der Anteil ist dabei bei den Mädchen deutlich höher als bei den Jungen. Die Quote von fehl- und überernährten Kindern wird in neueren Untersuchungen auf bis zu 30 % eines Jahrgangs geschätzt" (Hurrelmann, 1995, S. 22).

Es gibt sicherlich nicht weniger Kinder, die sich ins Essen flüchten, um sich so die Zeit zu vertreiben, sich zu beschäftigen oder sich abzulenken. Gemeinsame Mahlzeiten können sich einer Studie zufolge auch noch bei Jugendlichen positiv auf das Ernährungsverhalten auswirken. Das fanden Forscher der US-amerikanischen Universität Illinois bei der Durchsicht der Daten von mehr als 180 000 Kindern heraus. Übergewicht trat demnach bei Heranwachsenden, die zumindest dreimal pro Woche mit den Eltern gemeinsam aßen, um etwa zwölf Prozent seltener auf als bei solchen, die weniger Familienmahlzeiten miteinander verbrachten. Laut der Untersuchung zeigten Jugendliche, die mindestens fünfmal pro Woche gemeinsam mit ihrer Familie eine Mahlzeit zu sich nahmen, 35 Prozent weniger Essstörungen als Kinder, die alleine aßen (vgl. Badisches Tagblatt, 17.09.2011).

Süßigkeiten werden oft nicht als „normale" Lebensmittel verwendet, sondern um bestimmte Absichten damit zu verfolgen:
- um die Langeweile zu versüßen
- um zu belohnen
- um von Schmerzen oder Kummer abzulenken (z. B. Frust nach einer schlechten Schulnote).

Wenn Kinder am Beispiel ihrer Umgebung frühzeitig lernen, ihre Probleme und Wünsche mit Hilfe von Süßigkeiten zu lösen, wenn sie erfahren, dass Zuwendung vor allem in Form von Süßigkeiten angeboten wird, kann es geschehen, dass die natürliche Vorliebe für das Süße zu suchtartigem Verlangen gesteigert wird. Dabei können die Leitbilder der Kinder-Werbung eine einseitig auf die Geschmacksrichtung „süß" ausgerichtete Ernährungsweise zusätzlich unterstützen.

Jede Sucht beginnt meist unbemerkt, wächst aber stetig, bis sie sich eines Tages nicht mehr übersehen lässt. Sie hat eine Geschichte, und diese beginnt oft in der frühen Kindheit. Das folgende Fallbeispiel beschreibt die Esssucht eines achtjährigen Mädchens (vgl. Metzinger, 2007, S. 68f.):

Ilona lebt in einem Heim für verhaltensauffällige und milieugeschädigte Kinder. Laut Akte ist Ilonas Mutter mit der Erziehung ihres Kindes überfordert, das schon in der Kindestagesstätte auffälliges Verhalten und soziale Anpassungsschwierigkeiten zeigte. Ilona strebte bei den Erzieherinnen und Kindern ständig nach Bestätigung, ohne jedoch soziale Anpassung zu zeigen und echte Beziehungen zu Kindern zu entwickeln. Die Lage spitzte sich bei der Einschulung zu. Obwohl Ilona gute schulische Leistungen erbrachte, hatte sie enorme Schwierigkeiten, sich in die Klassengemeinschaft einzufügen. Sie drängte sich mit allen Mitteln in den Vordergrund, störte häufig den Unterricht und nahm anderen Kindern die Antworten vorweg. Der Klassenlehrerin gegenüber verhielt sie sich zumeist respektlos bis unverschämt und ließ sich nichts sagen. Sie wurde für die Klasse und die Klassenlehrerin zur Belastung, weshalb die Lehrerin auf einen Schulwechsel drängte. Interessanterweise fallen schon hier Zusammenhänge zwischen Ilonas Verhalten und ihrem Verhältnis zum Essen auf. Sie versuchte Freunde zu finden, indem sie Süßigkeiten verteilte. Um an diese Süßigkeiten zu gelangen, bettelte sie fremde Menschen, zumeist ältere Männer an. Ein Vorfall ist in der Schulakte beschrieben:

Ilona hat vor Schulbeginn bei einem Gemüsehändler Tomaten gestohlen und ist dabei von Mitschülern beobachtet worden. Die Klassenlehrerin sprach deswegen Ilona an, die aber alles abstritt. Auch ein Gespräch mit dem Schulleiter verlief ergebnislos. Erst am Nachmittag gab Ilona gegenüber ihrer Mutter zu, die Tomaten genommen zu haben, weil sie Hunger gehabt hätte. Sie brachte sich sehr schnell und lautstark in das Gruppengeschehen im Heim ein. Ilonas forderndes und bestimmtes Auftreten löste bei den anderen Kindern relativ schnell Abwehr, zum Teil auch Abneigung aus. Ilona verlangte von den Erzieherinnen volle Aufmerksamkeit und Zuwendung und entwickelte dabei eine starke Anspruchshaltung.

Ilona weist etwa ein Übergewicht von 25 Prozent auf: Sie ist 1,29 Meter groß und wiegt 43 Kilogramm. In Ilonas Leben hat das Essen, vor allem Süßigkeiten, eine zentrale Bedeutung und Funktion. Bei den drei Hauptmahlzeiten nimmt sie sich viel auf einen Teller und schlingt das Essen förmlich hinunter. Sie versucht in der

Küche schon vorab zu naschen und bettelt bei den Erzieherinnen häufig um Essen und Süßigkeiten. Zu Beginn ihres Heimaufenthaltes fragte Ilona häufig nach Essen:

„Ich habe Hunger! Bekomme ich etwas Süßes?" Gegenüber der Heim-Wohngruppe befindet sich ein Behindertenwohnheim. Ilona scheute sich nicht, die behinderten Bewohner um Geld für Süßigkeiten anzusprechen.

Ilona hat große Schwierigkeiten, Hunger und auch andere Körperempfindungen differenziert wahrzunehmen bzw. zu unterscheiden. Sie fühlt sich erst dann satt, wenn ihr „schlecht" wird. Sie scheint kein Gefühl zu besitzen, wann ihr Körper ihr signalisiert: „Es ist genug." Sie isst über die Bedürfnisse ihres Körpers hinaus und hat dabei den Maßstab für ein gesundes Maßhalten verloren. Sie spürt z. B. Hunger, wenn ihr langweilig ist und sie nichts zu Spielen weiß. Besonders wenn sie sich allein und einsam fühlt, entwickelt sie den größten Hunger. Wenn Ilona mit ihrer Mutter telefoniert und sie erfährt, dass es ihrer Mutter schlecht geht, macht sich Ilona Vorwürfe, dass sie nicht bei der Mutter sein und sie trösten kann.

Nach solchen Gesprächen „braucht" Ilona dann dringend Essen, am besten Süßigkeiten.

Die Kinder der Gruppe zeigen ihr deutlich, dass sie Ilona zu fett finden und dass Dicksein Hässlichkeit bedeutet. Teilweise wird Ilona beschimpft: Das reicht von „dicke Kuh" bis „fette Votze".

Auch Übergangssituationen können zu Problemen führen, die das Kind dann mit Essen „verarbeitet":

„Der wichtige Einschnitt in meinem Leben war der Umzug und meine Umschulung auf ein Mädchengymnasium. Ich hatte Angst, nicht so sehr vor dem Gymnasium, viel mehr vor der fremden Umgebung. Die Mädchen waren für mich fremd, naiv und kindisch kamen sie mir vor. Sie hatten unter sich Cliquen gebildet, von denen ich ausgeschlossen blieb. Freundschaften neu anzufangen, davor hatte ich Schiß.

Zurückgezogen habe ich mich. Gleichzeitig wurde ich auch in der Schule schlechter. Ich hatte keinen Spaß mehr am Unterricht, verhielt mich unauffällig und still. Nach der Schule bin ich immer sofort nach Hause gegangen und hab meinen Kummer in mich reingefressen. Mit meiner Schwester konnte ich über meine Probleme auch nicht sprechen. Wir haben uns nur selten gut verstanden. Und meine Eltern? Die kamen erst abends nach Hause". Ich habe damals angefangen unheimlich viel zu essen, was mich immer dicker machte" (Hahn/Janssen, 1994, S. 267).

5.2 Medien

Fernsehen, Video und Computer stehen eng mit dem Missbrauch von Medien in Verbindung. Nach Ergebnissen einer Untersuchung des niedersächsischen

Kriminologen Christian Pfeiffer verbrachten Zehnjährige durchschnittlich 137 Minuten an Schultagen und 204 Minuten an freien Tagen vor dem Bildschirm. Kinder ohne eigenes Gerät brachten es „nur" auf 83 Minuten an Schul- und 130 Minuten an freien Tagen. Zum Zeitpunkt der Untersuchung Anfang 2005 hatte mehr als ein Drittel der Zehnjährigen (36,1 Prozent) einen Fernseher im Kinderzimmer, fast ebenso viele (36 Prozent) einen PC, 26,8 Prozent eine Spielkonsole und 22,4 Prozent ein Videogerät. Die Auswirkungen auf die schulischen Leistungen maß die Untersuchung bei den Viertklässlern an den Übertrittsempfehlungen für das Gymnasium. Danach wird fast der Hälfte der Kinder (47 Prozent), die kein eigenes Gerät besitzen, der Übertritt empfohlen. Bei den Kindern mit eigenem Gerät war es mit 22,1 Prozent nur gut jeder Fünfte.

Fernsehen wird oft als Mittel benutzt, um unangenehme Zustände wie Langeweile, Überforderung, Enttäuschung, Wut und Trauer auszuweichen. Es dient damit zur Flucht vor Einsamkeit und Leere und hilft über emotionale Verletzungen hinweg.

Fernsehen wird somit zu einer Ersatzbefriedigung oder es dient als Ersatzmittel, wenn die Eltern keine Zeit oder Lust haben etwas mit ihrem Kind zu unternehmen. In diesem Fall fungiert das Fernsehen als eine Art „Kindermädchen" bzw. „elektrische Oma". Je weniger sich die Eltern mit ihren Kindern beschäftigen, um so attraktiver wird das Fernsehen.

Da ist z. B. Katharina, knapp fünf Jahre alt. Sie hat noch zwei kleinere Geschwister, der Vater ist die ganze Woche unterwegs auf Montage. Die Mutter hat der Erzieherin im Kindergarten schon oft erzählt, der Fernseher biete für sie eine hilfreiche Unterstützung. Bei drei verhältnismäßig kleinen Kindern sei sie froh, wenigstens nicht noch auf die älteste während der Hausarbeit aufpassen zu müssen.

Ein anderes Beispiel: Toni, sechs Jahre alt, Sohn einer geschiedenen Mutter. Die Mutter arbeitet schichtweise in einem Krankenhaus. Nach den Erzählungen von Toni ist der Fernseher für ihn eine Dauerbeschäftigung.

Ralf (sechs Jahre) sieht fast regelmäßig jeden Tag das Abendprogramm, oft bis zum Sendeschluss. Auf die Frage der Erzieherin, weshalb und mit wem er täglich so lange vor dem Fernsehapparat sitzt, antwortete er: „Meine Mama geht immer so früh ins Bett, meine Schwester ist nie da und mein Vater und mein Bruder schauen jeden Abend fern. Mit denen schaue ich dann auch immer."

Fernsehen, die „Droge im Wohnzimmer", ist für Kinder babyleicht zu bedienen und folglich sind für sie alle Fernsehkanäle zugänglich: „Ich kann noch nicht lesen, aber das Fernsehen anschalten. Dann kann ich sehen, was ich will" (Svenja, sechs Jahre). Schon zum Aufstehen, ja auch zum Frühstück, können Kinder heutzutage Fernsehen. Frühaufstehende Kinder, deren Eltern besonders an Wochenenden länger schlafen wollen, haben bereits am Morgen die Möglichkeit alleine Sendungen z. B. des Kinderprogramms anzusehen. Das Fernsehgerät ist praktisch jederzeit verfügbar: „Also bei uns läuft schon oft der Fernseher den ganzen Tag. Aber er läuft auch, ohne dass wir hinschauen. Die Kinder sind in ihrem Zimmer und spielen, und wenn sie dann bestimmte Erkennungsmelodien hören, dann laufen sie halt wieder rüber und schauen fern" (Mutter, 26 Jahre, zit. n. Barthelmes/Sander, 1988, S. 387).

Viele Kinder verbringen innerhalb einer Woche mehr Zeit vor dem Fernseher als im Kindergarten oder in der Schule. Somit werden bestimmte Voraussetzungen für eine Suchtproblematik häufig schon im Kindesalter geschaffen, wenn der Fernseher zum „Babysitter" wird und als Ersatz für mangelnde Zuwendung dient.

Kinder-Psychotherapeuten sehen vor allem durch die zunehmende Beschäftigung mit dem Computer eine Gefährdung für viele Kinder. Im niedersächsischen Landeskrankenhaus Tiefenbrunn bei Göttingen sind Kinder in Behandlung, die sich teilweise tagelang zurückgezogen hatten und dabei nur noch eine Beziehung zu ihrem Computer unterhielten. Wenn der Computer zum „Freund" wird, kann dies Verminderung der Kontakte in der Familie und im Freundeskreis, Isolation, Einsamkeit, Realitätsverlust oder Spielsucht zur Folge haben.

Die KIM-Studie aus dem Jahr 2010 liefert zum Medienkonsum von Kindern zwischen sechs bis 13 Jahren folgende aktuelle Eckdaten:

- Das Fernsehen ist weiterhin das zentrale Medium für Kinder. 95 Prozent der Kinder sehen mindestens einmal pro Woche fern, drei Viertel (76%) sehen jeden oder fast jeden Tag fern. Bereits bei den Sechs- bis Siebenjährigen sitzen 74 Prozent jeden oder fast jeden Tag vor dem Fernseher. Mit zunehmendem Alter der Kinder nimmt die Nutzungsdauer deutlich zu, von 84 Minuten bei den Sechs- bis Siebenjährigen bis zu 110 Minuten bei den Zwölf- bis Dreizehnjährigen.
- In neun von zehn Haushalten mit Kindern befindet sich ein Computer und jedes zehnte Kind zählt den Computer zu seinen drei Lieblingsbeschäftigungen. Der Besitz eines eigenen Computers steigt mit dem Alter deutlich an, bei den Zwölf- bis Dreizehnjährigen hat bereits jeder Dritte einen eigenen Computer (6–7 Jahre: 2%, 8–9 Jahre: 5%, 10–11 Jahre: 18%).
- 89 Prozent der Kinder haben zu Hause einen Internetanschluss, etwa jedes zehnte Kind hat bereits einen eigenen Internetzugang. Nur jeder vierte Sechs- bis Siebenjährige, aber 90 Prozent der Zwölf- bis Dreizehnjährigen zählen zu den Internet-Nutzern. Gegenüber den Ergebnissen von 2006 und 2008 fällt auf, dass der Anteil der Nutzer insgesamt relativ gleich geblieben ist, eine deutliche Steigerung ist nur bei den jüngsten Kindern zu beobachten. Die Sechs- bis Dreizehnjährigen sind durchschnittlich 24 Minuten pro Tag online.
- Ein zentraler Trend im Internet sind zurzeit soziale Netzwerke. Dieser Trend ist in zwischen auch bei den Kindern festzustellen, der Anteil der Kinder zwischen sechs und 13 Jahren, die zumindest einmal pro Woche Communities nutzen, hat sich von 16 Prozent im Jahr 2008 auf aktuell 43 Prozent mehr als verdoppelt.

- Bezogen auf alle Kinder im Alter zwischen sechs und 13 Jahren zählen 16 Prozent zu den täglichen Nutzern von Computer-, Konsolen- und Onlinespielen. Fast zwei Drittel der Kinder spielen regelmäßig, also mindestens einmal pro Woche. Während bei den Sechs- bis Siebenjährigen 43 Prozent nie spielen, liegt dieser Anteil bei den Zwölf- bis Dreizehnjährigen nur bei 14 Prozent.
- Bereits die Sechs- bis Siebenjährigen besitzen zu 14 Prozent ein Mobiltelefon, bei den Acht- bis Neunjährigen ist es jedes dritte Kind und bei den Zehn- bis Elfjährigen fast drei Viertel, die ein Handy haben.
- Obwohl 81 Prozent der Eltern das Internet für gefährlich und 64 Prozent ein Filterprogramm für notwendig halten, ist nur auf 22 Prozent der von Kindern genutzten Computer eine Kindersicherung installiert.
- 41 Prozent der Eltern lassen ihre Kinder ohne Aufsicht im Internet surfen.

Aus diesen Daten wird ersichtlich, welche große Bedeutung der Medienkonsum im Tagesablauf der Kinder für ihre Entwicklung hat. Die tendenziell sich ausbreitende Medienkindheit birgt ein nicht unerhebliches Gefährdungspotenzial für die Entstehung eines Suchtproblems.

5.3 Medikamentenmissbrauch

Bei Kindern ist diese Form der Sucht meist durch Eltern und Ärzte mit verursacht.

Medikamente sind bequem anzuwenden und wirken meist schnell. Dies verführt dazu, dass sie oft unüberlegt und voreilig eingenommen werden. Nach den Ursachen einer Beschwerde wird dann gar nicht mehr gefragt. Immer seltener werden traditionelle Hausmittel angewandt, denn sie sind entweder nicht mehr bekannt oder sie sind meist sehr zeitaufwendig zu praktizieren. Viele Eltern haben kaum Zeit ihr Kind gesund zu pflegen oder sie sind der Auffassung, dass ihr Kind durch Fehlen zu viel in der Schule verpassen würde. Der Ehrgeiz besonders der Mittelschichten-Eltern, ihre Kinder fit zu machen und fit zu halten für den „Ernst des Lebens", spielt hier eine wichtige Rolle. Kinder, die den Anforderungen der Schule nicht gerecht werden, bekommen häufig von ihren Eltern leistungssteigernde und konzentrationsfördernde Präparate, die es meist rezeptfrei gibt und die in der Werbung als sehr hilfreich angepriesen werden, verabreicht. Auf Dauer eingenommen findet ein Gewöhnungs- und Abhängigkeitsprozess statt, der zu einer Medikamentensucht führen kann.

Es ist keine Seltenheit mehr, wenn bereits Kinder im Kindergartenalter starke Abhängigkeiten zu Medikamenten entwickeln. Bereits in diesem Alter wird der Grundstein gelegt, dass 40 Prozent der 12jährigen Kopfschmerzmittel einnehmen und das Einstiegsalter beim Nikotinkonsum heute schon bei 9 bis 10 Jahren liegt. Solchen Werbeslogans der Pharma-Industrie wie „Den Schmerz einfach weglutschen" kommen immer mehr Kinder zwischen sechs und 14 Jahren auf Anweisung ihrer Mütter nach. Eine Untersuchung des Dortmunder Zentrums für Bildung und Gesundheit (1988) erbrachte folgendes Ergebnis: Obwohl 96 Prozent der repräsentativ ausgesuchten 2 000 Mütter in Nordrhein-Westfalen angeben, mit der Gesundheit ihrer Kinder zufrieden zu sein, verabreichten 28,6 Prozent von ihnen ihren Kindern in einem Zeitraum von vier Wochen Mittel gegen Schnupfen und Husten, gegen Rheuma, Bronchitis, Allergien und rund 30 andere Krankheiten. Tatsächlich aber war nicht einmal die Hälfte dieser Kinder im fraglichen Zeitraum wirklich krank.

Fast ein Viertel aller Kinder müssen die verabreichten Pillen, Säfte und Tabletten ohne Verordnung eines Arztes allein auf Anweisung der Eltern schlucken.

Wenn ein Kind zu Hause erfährt, dass bei jedem Unwohlsein bzw. selbst bei kleinen Wehwehchen, auch bei Gefühls- oder Energieschwankungen auf ein Medikament zurückgegriffen wird, lernt das Kind schnell, dass es für alles ein Mittel gibt, das man nur einnehmen muss. Eine Studie der Hessischen Landesregierung wies nach, dass ein Viertel aller Grundschüler Präparate einnimmt, die die Konzentration verbessern, die Leistung steigern oder das Einschlafen erleichtern sollen. Mit dem schnellen Griff zur Pille setzen viele Eltern ihre Kinder den Gefahren einer erlernten Medikamentenabhängigkeit aus.

Die Kinder lernen schon in frühen Jahren, Pillen als Helfer in allen Lebenslagen zu betrachten: „So wird dann bereits in jungen Jahren verinnerlicht, dass Tabletten und andere Medikamente Hilfsmittel sind, sich nicht mehr so mühevoll mit den Anforderungen des Lebens auseinandersetzen zu müssen" (Sozialministerium Baden-Württemberg, 1994, S. 2). Der Problembereich Medikament und Kind muss auch im Zusammenhang mit einer gesellschaftshistorischen Entwicklung gesehen werden, „in dem über zwei Jahrhunderte hinweg den Menschen das alltägliche Gesundheitswissen abtrainiert und der Glaube an die schnelle Lösung angeboten wurde" (Voß, 1992, S. 2).

Unruhige und überaktive Kinder oder Kinder mit anderen Verhaltensauffälligkeiten werden auch häufig mit Medikamenten behandelt, ohne nachzuprüfen, ob diese im Zusammenhang mit Entwicklungsstörungen oder bestimmten Krankheiten stehen. Bereits 1992 beschrieb R. Voß in seinem Buch „Pillen für den Zappelphilip" die Problematik des zunehmenden Medikamentenmissbrauchs im Kindes- und Jugendalter. Die Annahme, dass ADS oder ADHS allein durch einen angeborenen Stoffwechseldefekt (Dopaminmangel) verursacht wird, hat die medikamentöse Behandlung dieser Verhaltensauffälligkeit gefördert. Mit Hilfe der „Wunderwaffe" Ritalin soll der Dopaminmangel ausgeglichen werden. Die Einnahme von Ritalin sorgt mit seinem Bestandteil Xeophillin für eine anregende Wirkung des Gehirnstoffwechsels, was bei einem Betroffenen positive Auswirkungen auf die Informationsweitergabe hat. Wenn das Medikament wirkt, hilft es dem Betroffenen dabei, sich besser zu konzentrieren, seine Aufmerksamkeit über einen längeren Zeitraum aufrecht zu erhalten, Reizbarkeit, Stimmungsschwankungen, Ängste und Frustration abzubauen, die Impulskontrolle und Wahrnehmung zu kontrollieren und zu differenzieren. Auf der Rangliste der meistverkauften Psychopharmaka liegt dieses Medikament bereits auf Platz sechs. Nach Auskunft von M. Caspers-Merk, der früheren Drogenbeauftragten der rot-grünen Bundesregierung, verschreiben nicht nur Kinderärzte und Kinderpsychiater Ritalin, sondern auch Zahnärzte, Frauenärzte und Allgemeinmediziner, weshalb sie im August 2001 vor einem Missbrauch dieses Medikamentes warnte. Aber nicht nur in Deutschland, sondern auch in mehr als 50 weiteren Staaten ist der Verbrauch der Psychopille dramatisch gestiegen. Die Weltgesundheitsorganisation forderte bereits 10 Staaten auf, „das mögliche Überdiagnostizieren der ADHS und den exzessiven Gebrauch der Substanz zu zügeln" (Wilhelm, 2000, S. 47). R. DeGranpere rügt den Boom des Medikaments als Ausdruck der westlichen „Schnellfeuerkultur" und betrachtet die Krankheit hauptsächlich als durch diese Kultur verursacht. Die Nebenwirkungen (z. B. Schlaflosigkeit, Appetitlosigkeit, Magenbeschwerden, Traurigkeit, Ängstlichkeit, Kopfschmerzen, Schwindel, Gewichtsverlust, Durchfall, Verstopfung, nervöse Tics, Hautauschläge, Haarausfall, Gelenkschmerzen, Sinnestäuschungen bis hin zu psychotischen Reaktionen, Herzjagen und Herzrhythmusstörungen) der Alltagsdroge Ritalin sind umfangreich. Im Beipackzettel wird bei einem nicht bestimmungsgemäßen Gebrauch vor einem stark ausgeprägten psychischen Abhängigkeitspotenzial gewarnt. Obwohl für die Behandlung von Kindern unter sechs Jahren keine ausreichenden klinischen Daten vorliegen, wird dieses Medikament häufig auch für Kindergartenkinder verschrieben. Bisher kann über die Langzeitfolgen einer Ritalineinnahme nichts Zuverlässiges ausgesagt werden. Der Ansicht, dass Ritalin ein schwaches Stimulanzmittel ist, wird nach einer Studie von N. Volkow widersprochen. Nach dem nicht erwarteten Untersuchungsergebnis wirkt Ritalin stärker als Kokain.

Die im Kindergarten- und Grundschulalter am häufigsten vorkommenden Ansätze zum Suchtverhalten treten bei der Nahrungsaufnahme, der Einnahme von Medikamenten und dem Medienkonsum auf: „Werden Medikamente, Süßigkeiten, Limonadengetränke und ähnliche Substanzen zur Spannungsregulation eingesetzt, dann liegen hier eindeutige Vorboten der Suchtgefahr. Denn nichts anderes ist ja Suchtgefährdung als das instrumentelle Nutzen von Substanzen und Stoffen zur Manipulation der eigenen Befindlichkeit in einer Spannungssituation" (Hurrelmann, 1995, S. 20).

6. Suchtprävention

Das Wort Prävention leitet sich vom lateinischen praevenier (zuvor kommen, verhüten) ab. Prävention lässt sich daher als Vermeidung eines unerwünschten Ereignisses oder einer negativen Entwicklung bzw. mit „vorausschauender Problemvermeidung" (Regierungspräsidium Stuttgart, 2010, S. 5) definieren. Das wichtigste Ziel ist dabei, dass durch vorbeugende Maßnahmen Fehlentwicklungen verhindert werden sollen: „Es geht darum, dass die Kinder und Jugendlichen eine „wetterfeste Persönlichkeit" entwickeln, ihr „seelisches Immunsystem" soll gegen Gefährdungen gestärkt werden" (Regierungspräsidium Stuttgart, 2010, S. 5). Suchtpräventiv ist jede Erziehung, die darauf ausgerichtet ist, lebensbejahende, selbstbewusste, selbständige und belastbare junge Menschen heranzubilden und ihnen über positive Grundeinstellungen den Weg in die Zukunft zu bahnen.

Als synonyme Begriffe werden auch Suchprophylaxe und Suchtvorbeugung verwendet. Die Suchtprävention hat in den vergangenen Jahren einen nachhaltigen Wandel, was ihre Grundannahmen und Konzepte betrifft, erfahren. In den 1980er Jahren stand bei der Suchtprävention die Drogenprophylaxe deutlich im Mittelpunkt. Eingeengt auf dieses Thema versuchte man durch Drogenaufklärung und mit Mitteln der Abschreckung vor den Folgen des Drogenkonsums bzw. der Sucht zu warnen. Eine Studie des Münchner Instituts für Therapieforschung bewertete im Auftrag der Bundeszentrale für gesundheitliche Aufklärung die Konzepte der reinen Information über Drogen, besonders wenn sie mit Abschreckung vor deren Folgen verbunden ist, als „im günstigsten Fall wirkungslos" (vgl. Künzel-Böhmer/Bühringer/Janik-Konecy, 1992, zit. in Regierungspräsidium Stuttgart, 2010, S. 9).

Die Erfolglosigkeit dieser Konzepte führte „hin zu partizipatorischen Ansätzen, getragen von einer demokratisch-emanzipatorischen Grundhaltung" (Oberschulamt Stuttgart, 2004, S. 121), was eine Vielzahl von unterschiedlichen Handlungsansätzen zur Folge hatte. Die gegenwärtige ursachenorientierte Suchtprävention zielt auf eine Entwicklungs- und Gesundheitsförderung, in der die Förderung von Lebenskompetenzen eine zentrale Bedeutung in der Suchtprävention besitzt.

Die handlungsorientierte Suchtprävention beruht auf drei wesentlichen Grundlagen (vgl. Oberschulamt Stuttgart, 2004, S. 121):

- Sie bezieht sich in den Maßnahmen und Projekten immer auf konkrete Personen und/oder Personengruppen (Lebenskompetenz fördernde Maßnahmen)
- Sie bezieht die konkreten Gefährdungsbedingungen der angesprochenen Personengruppen ein (lebensweltorientierte Maßnahmen).
- Sie verbindet Präventionsmaßnahmen mit den regionalen Gegebenheiten und der Infrastruktur (auf Präventionsstruktur abzielende Maßnahmen).

Ausgehend vom Auftrag der Prävention muss sie langfristig und dauerhaft konzipiert sein und sich primär an Kinder, Jugendliche und Eltern wenden.

Präventive Maßnahmen greifen um so nachhaltiger, je früher mit ihnen begonnen wird (Kindergarten, Grundschule). Eine wirksame Verhinderung von Suchtverhalten kann nicht von kurzfristigen Aktivitäten erwartet werden. Nur eine langfristig und kontinuierlich angelegte Suchtpräventionsstrategie kann tiefgreifende Erfolge ermöglichen.

Das bedeutet, dass Suchtprävention in allen Bildungs- und Erziehungseinrichtungen verankert sein sollte.

Angelehnt an den Aktionsplan Drogen und Sucht der Bundesregierung (2003) können die folgenden wichtigen Ziele angeführt werden:

- Der Beginn des Konsums soll verhindert oder so weit wie möglich hinausgezögert werden.
- Riskante Konsummuster bei legalen wie illegalen Suchtmitteln sollen frühzeitig erkannt, beeinflusst und behoben werden.

Für eine Umsetzung im Rahmen der Verhaltensprävention lassen sich schwerpunktmäßig die folgenden Ziele formulieren:

- Stärkung von Schutzfaktoren
- Verhinderung und Reduzierung von Risikofaktoren
- Förderung der allgemeinen Lebenskompetenzen
- Zielgruppengerechte Information und Aufklärung zu Substanzen
- Hinwirken auf eine gesundheitsförderliche Lebensumwelt von Kindern, Jugendlichen und Erwachsenen
- Einflussnahme auf Politik und Gesetzgebung mit der Zielrichtung, Verringerung der Verfügbarkeit von Suchtmitteln
- Transparent machen von suchtfördernden und suchtverhindernden Lebens- und Arbeitsbedingungen.

Im Zusammenhang mit zielgruppenspezifischen Maßnahmen werden folgende Ziele angestrebt:

- Vermittlung von Risikokompetenz
- Entwicklung von individuellen Bewältigungsstrategien
- Hinwirken auf eine Stabilisierung des sozialen Umfeldes und der allgemeinen Lebensbedingungen.

Als Zielgruppen werden hauptsächlich solche gesehen, bei denen erfahrungsgemäß ein potentiell höheres Risiko zur Suchtentwicklung existiert. In besonderem Maße macht die Kinder- und Jugendphase, die durch spezielle lebensalterbezogene und entwicklungsbedingte Risiken und Gefährdungen gekennzeichnet ist, suchtpräventive Angebote und Hilfen notwendig. Als besonders gefährdete Ziel-Risikogruppen gelten:

- Kinder aus suchtbelasteten Familien
- Kinder und Jugendliche mit Migrationshintergrund
- riskant konsumierende Jugendliche mit zusätzlichen psychosozialen Belastungen oder Problemen der sozialen Integration
- durch Suchtmittelkonsum straffällig gewordene Jugendliche und junge Erwachsene
- gewohnheitsmäßige Dauerkonsumenten/innen.

Verschiedene Formen der Suchtprävention

In der Suchtprävention werden die folgenden Formen der Prophylaxe unterschieden:

Primärprävention

Sie beinhaltet eine frühzeitige, langfristige und fortwährende Vorbeugung. Sie setzt sich zum Ziel, suchtfördernde Bedingungen in der Umwelt und bei bestimmten Zielgruppen aufzudecken und zu verändern, so dass Menschen ihren Alltag ohne Missbrauch von Suchtmitteln sinnvoll leben können. Primärprävention soll auch als Vorbeugung im Vorfeld einer Suchterkrankung als Teil der Gesundheitsförderung wirken.

Sekundärprävention

Sie konzentriert sich auf gefährdete Risikopersonen und –gruppen: „Sekundäre Prävention bedeutet, einzelne Gefährdete oder Gruppen von Gefährdeten zu erkennen, spezielle Hilfen bei der Bewältigung ihrer Probleme zu geben, in Einzelfällen Hilfe und Beratung auch für Bezugspersonen, z. B. Familienmitglieder, zu ermöglichen und eine Alternative bereitzustellen" (Regierungspräsidium Stuttgart, 2010, S. 8). Wichtig sind hierbei besonders die Vorbeugung für Suchtgefährdete und die Therapie für Suchtkranke.

Tertiärprävention

Sie richtet ihre Aufmerksamkeit auf die Verminderung der Rückfallquote nach abgeschlossener Therapie durch Hilfsangebote bei der Wiedereingliederung in das soziale Leben.

Seit einigen Jahren werden in der Fachliteratur die folgenden Begriffe ebenfalls verwendet:

Universelle Prävention

Sie umfasst z. B. die gesamte Population von Schülerinnen und Schülern. Bevorzugt möchte sie Schutzfaktoren stärken, z. B. durch Lebenskompetenzprogramme. Dazu zählen auch das Einüben des Widerstands gegen Gruppendruck und das Nein sagen in Risikosituationen, sowie die Informationsgewinnung über Suchtmittel und die Konsequenzen ihres Gebrauchs.

Selektive Prävention
Sie ist speziell auf gefährdete Gruppen bezogen. Im Einzelnen handelt es sich dabei um Gruppen, die Erfahrungen mit Suchtmitteln haben oder speziellen Risiken ausgesetzt sind (z. B. gestörte Familienverhältnisse, Stress, Missbrauch, Arbeitslosigkeit, Armut, Migrationshintergrund, sozialer Brennpunkt, Kriminalität).

Indizierte Prävention
Bei dieser Form der Prävention fokussiert sich der Schwerpunkt auf Einzelpersonen, bei denen Risikomerkmale festgestellt wurden (z. B. Drogenkonsum, Schulprobleme, ADHS, Probleme mit der Polizei).

Ganzheitliche Prävention
Ausgehend von dem Begriff der Ganzheitlichkeit sollen hier in erster Linie alle Aspekte der Persönlichkeit gesehen werden. Das bedeutet, dass neben den kognitiv-intellektuellen Fähigkeiten auch kommunikative, soziale, emotionale und körperliche Kompetenzen handlungsorientiert gefördert, unterstützt und anerkannt werden. Das Ziel der ganzheitlichen Suchtprävention heißt daher:

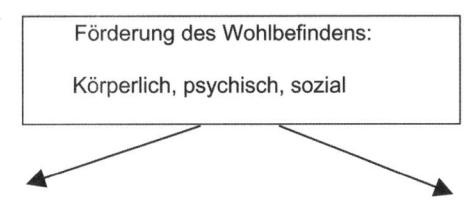

> Förderung des Wohlbefindens:
> Körperlich, psychisch, sozial

Verhaltensbezogen als Förderung der Persönlichkeitsentwicklung:	verhältnisbezogen als gesundheitsfördernde Lebensraumgestaltung:
Stärkung der Kompetenz des einzelnen um sich konstruktiv mit bestehenden Anforderungen, Herausforderungen und Gefährdungen auseinandersetzen zu können.	Stärkung der Kompetenz des Gemeinwesens, gesundheitsfördernde Lebens- und Umweltbedingungen zu benennen und eine Verbesserung der erfahrbaren Lebensqualität zu bewirken.
⇓	⇓
Das bedeutet: Herausbildung einer gefestigten Ich-Identität, z. B.: • Erlebnis-, Beziehungs- und Konfliktfähigkeit • soziale Integration • positives Selbstwertgefühl • Körperbewusstsein	Das bedeutet: gesundheitsfördernde Lebensbedingungen zu begünstigen und zu fördern, z. B.: • eine saubere Umwelt schaffen, • Wohn- und Einkommenssituationen verbessern, • lebenswerte Zukunftsperspektiven aufbauen

(Landesinstitut für Erziehung und Unterricht Stuttgart, 1999, S. 26).

7. Eigene Auseinandersetzung mit dem Thema Sucht

Da sich LehrerInnen und ErzieherInnen während ihrer beruflichen Tätigkeit in einer pädagogischen Interaktion zu Kindern befinden, sind Persönlichkeit, Einstellungen und Vorbild von großer Bedeutung. Das Verständnis von Suchtverhalten und die Einstellung dazu, werden von der eigenen Sozialisationsgeschichte der erziehenden Personen erheblich beeinflusst. Deshalb hat die Eigenreflexion hier eine wichtige Aufgabe, um seine selbst erlebten Erfahrungen und seine Einstellungen bezüglich Sucht in Erinnerung zu rufen und zu hinterfragen. Es ist notwendig, dass Kinder ihre ErzieherInnen und LehrerInnen als „echt" erleben: Echtheit in der Übereinstimmung von Verhalten, gesprochenen Aussagen und vermitteltem Grund. Widersprüchliche Informationen schaffen beim Kind Unsicherheiten, weil es z. B. gefühlsmäßig etwas anderes aufnimmt als die ErzieherIn bzw. die LehrerIn mit Worten vermittelt. Unsere eigenen Einstellungen und Haltungen übertragen sich auf das Kind durch Signale, die in diesem Bereich oft non-verbal erfolgen: durch Weglassen, Schweigen, Übergehen und Ablenken. Auch Anna Freud hat auf die Überprüfung der eigenen Einstellung und deren eventuelle Revidierung hingewiesen: „Ich meine, wir haben das Recht, zu verlangen, dass der Erzieher seine Konflikte kennen und beherrschen gelernt hat, ehe der die pädagogische Arbeit beginnt. Sonst dienen ihm die Zöglinge nur als ein mehr oder weniger günstiges Material, um seine eigenen unbewussten und ungelösten Schwierigkeiten an ihnen abzureagieren" (in: Scarbath, 1969, S. 98).

Jede Erzieherin/jeder Erzieher und jede Lehrerin bzw. jeder Lehrer sollte sich deshalb mit dem Thema Sucht intensiv auseinandersetzen und seine eigene Einstellung und Meinung zu diesem Thema kennen.

Die folgenden Fragen sollen helfen, sich in einer ersten Auseinandersetzung in das Thema Sucht hineinzudenken, sich der Komplexität des Themas bewusst zu werden und vielleicht schon vorhandene Überzeugungen und Meinungen noch einmal zu hinterfragen:

- Was ist Sucht?
- Habe ich schon Drogen probiert, wenn ja, welche Erfahrungen habe ich gemacht?
- Wie entsteht Suchtverhalten?
- Kenne ich einen süchtigen Menschen?
- Könnte ich süchtig werden oder würde ich mich sogar als süchtig bezeichnen?
- Wo liegt für mich der Unterschied von Gebrauch und Missbrauch von Suchtmitteln?
- Ist Sucht eine Krankheit?
- Sollten Süchtige von Nichtsüchtigen isoliert werden?

Eigene Auseinandersetzung mit dem Thema Sucht

- Gibt es ein Suchtproblem in der Gesellschaft, wenn ja, wird es kleiner oder größer?
- Welche Rolle spielt Alkohol in unserer Gesellschaft?
- Was empfinde ich, wenn mir ein alkoholisierter Mensch begegnet, der sich auffällig verhält?
- Wenn ich Kinder habe, befürchte ich, dass diese abhängig werden könnten?
- Was könnte mich oder meine Kinder vor Sucht schützen?
- Was mache ich, wenn es mir schlecht geht?
- Wie gehe ich mit Gefühlen um?
- Was ist für mich Genuss?
- Wie gehe ich mit Konfliktsituationen um?
- Habe ich schon einmal meine Stimmung mit Alkohol oder anderen Stoffen beeinflusst?
- Was ist für mich ein erfülltes und befriedigendes Leben?

Wovon ist Ihr Wohlbefinden abhängig?
- Welche Tätigkeiten, Gewohnheiten, Umgebungen und Situationen brauchen Sie, damit es Ihnen wohl ist?
- Bringen Sie bei jeder Linie ein x an. Ganz links, wenn dies für Sie gar nicht wichtig ist. Je weiter rechts Sie das Kreuz platzieren, desto eher brauchen Sie es. Schätzen Sie sich selbst ganz ehrlich ein.

	Lehne ich strikt ab	Brauche ich unbedingt
Arbeiten		
Musik hören		
Zigaretten rauchen		
Fernsehen		
Kaffee/Tee trinken		
Geld ausgeben		
Reden		
Telefonieren		
Sammeln		
Solarium		
allein sein		
Sport treiben		
Essen		
Ausgehen		
Anderen helfen		
Tanzen		
Lesen		
Andere beeindrucken		
Schöne Kleider kaufen		

Medikamente schlucken		
Zärtlichkeit		
Streiten		
Unterhaltung		
Auto fahren		
Tagträumen		
Shopping		
Zeitung lesen		
Süßigkeiten		
Haschisch rauchen		
Schlummerbecher		
Ordnung		
Computer		
Alkohol trinken		
Kreuzworträtsel lösen		
Spielen		
Diätkur		
E-Mails schreiben		
Chatten		
Eine Uhr bei sich tragen		

Der folgende Fragebogen zur Überprüfung des persönlichen Gesundheitsverhaltens wurde von Frauke Teegen (1983) entwickelt (vgl. Andreas-Siller, 1993, S. 46ff.):

1. Wahrnehmen und Ausdrücken von Gefühlen

( ) Wenn ich mit etwas einverstanden bin, kann ich das ausdrücken.
( ) Meist ist mir bewusst, was ich gerade fühle oder empfinde.
( ) Ich fühle mich frei, anderen meine Gefühle mitzuteilen.
( ) Für mich ist es in Ordnung, sowohl heiter als auch ängstlich, traurig und ärgerlich zu sein.
( ) Ich kann anderen verständlich machen, was ich empfinde.
( ) Es beunruhigt mich nicht, wenn ich manchmal auch heftige Gefühle habe.
( ) Ich freue mich über Zuwendung, Anerkennung und Lob von anderen.
( ) Wenn ich traurig bin, gestatte ich es mir, zu weinen.
( ) Ich nehme es wahr, wenn andere bedrückt sind.
( ) Wenn ich mit etwas nicht einverstanden bin, drücke ich das aus.
( ) Meine Ansichten und Interessen kann ich auch Menschen gegenüber vertreten, die sehr sicher auftreten.
( ) Ich kann Sexualität und Intimität genießen.

- ( ) Wenn ich Hilfe brauche, suche ich sie bei Freunden und Fachleuten.
- ( ) Für mich haben Gefühle eine Bedeutung – auch wenn sie mich manchmal daran hindern, die Dinge „nüchtern" zu betrachten.
- ( ) Wenn ich ärgerlich oder zornig bin, fresse ich das nicht in mich hinein, sondern drücke meine Gefühle aus.
- ( ) Ich weiche Auseinandersetzungen nicht „um des lieben Friedens willen" aus.

2. Kreativität und Ausdrucksfähigkeit

- ( ) Ich habe Freude daran, mich durch Kunst, Tanz, Musik, Theaterspielen usw. auszudrücken.
- ( ) Ich habe Freude daran, täglich einige Zeit ohne Planung oder Strukturierung zu verbringen.
- ( ) Ich habe oft Ideen und Einfälle, die aus mir selber kommen, in denen ich nichts nachahme.
- ( ) Es macht mir Spaß, mich manchmal mit ungewöhnlichen Ideen zu beschäftigen und sie mit anderen auszutauschen.
- ( ) Ich interessiere mich für meine Träume und für das, was sie mir sagen.

3. Entspannung und Schlaf

- ( ) Ich fühle mich selten müde oder ausgelaugt (außer nach einer anstrengenden Arbeit).
- ( ) Ich schlafe nachts leicht ein.
- ( ) Ich bekomme meist genug Schlaf.
- ( ) Wenn ich aufgeweckt werde, schlafe ich oft leicht wieder ein.
- ( ) Es gibt Zeiten, in denen ich gern allein sein mag.
- ( ) Wenn es keine Möglichkeit gibt, Probleme sofort zu lösen, kann ich sie auch ruhen lassen.
- ( ) Mindestens fünfzehn bis zwanzig Minuten täglich meditiere ich oder versuche, mich zu zentrieren.
- ( ) Ich verwöhne mich (ohne mich dafür schuldig zu fühlen), zum Beispiel durch Massagen, Nichts-Tun ...

4. Körperliche Aktivität

- ( ) Ich steige häufig Treppen, statt den Fahrstuhl zu benutzen.
- ( ) Meine täglichen Aktivitäten schließen mittlere Anstrengungen mit ein (z. B. Betreuung kleiner Kinder, Arbeiten im Haushalt, Gartenpflege, Fußwege während der Arbeit ...).

- ( ) Meine täglichen Aktivitäten schließen schwere körperliche Arbeit ein (z. B. Transport/Tragen schwerer Objekte, landwirtschaftliche Arbeit ...).
- ( ) Ich gehe täglich mindestens zwei Kilometer zu Fuß.
- ( ) Mindestens einmal pro Woche laufe ich einen Kilometer (oder entsprechende Aktivität an der frischen Luft).
- ( ) Mindestens einmal pro Woche treibe ich anstrengenden Sport.
- ( ) Mindestens zweimal pro Woche mache ich fünfzehn bis zwanzig Minuten lang Yoga oder andere Dehn-, Streck- oder Entspannungsübungen).
- ( ) Ich mache fast täglich Gymnastik.
- ( ) Ich dusche regelmäßig, erst heiß, dann kalt.
- ( ) Ich gehe ein- oder zweimal im Monat in die Sauna.

5. Körperliche Fürsorge

- ( ) Ich reinige meine Zähne regelmäßig (mindestens zweimal pro Tag).
- ( ) Ich rauche gar nicht oder weniger als eine Packung Zigaretten pro Woche (oder entsprechende Mengen Zigarren, Pfeifentabak).
- ( ) Ich sorge dafür, dass ich mich so wenig wie möglich Abgasen, chemischen Dämpfen, extremem Lärm aussetze.
- ( ) Ich nehme Änderungen in meinem körperlichen, seelischen, geistigen Befinden bewusst wahr und suche fachliche Hilfe bei auffälligen Änderungen.
- ( ) Ich nehme sehr selten Medikamente oder Drogen.
- ( ) Ich sorge dafür, dass ich regelmäßig ausreichend Schlaf bekomme.
- ( ) Ich mag die Berührung durch andere.
- ( ) Ich mag andere Menschen berühren, wenn ich das Bedürfnis dazu habe.

6. Ernährung

- ( ) Ich nehme täglich genügend Mineralien, Vitamine, Rohstoffe (durch Früchte, Gemüse ...) auf.
- ( ) Mein Alkoholkonsum ist niedrig (nicht mehr als ein halber Liter Bier oder ein Viertel Liter Wein pro Tag).
- ( ) Ich esse selten raffinierte Nahrung, Zucker.
- ( ) Ich bevorzuge Nahrung ohne chemische Zusätze und achte beim Einkaufen auf die Kennzeichnung von Zusätzen.
- ( ) Ich trinke weniger als drei Tassen Kaffee, Tee (mit Ausnahme von Kräutertee) pro Tag.
- ( ) Mein Appetit ist gut (weder zu gering noch zu groß).
- ( ) Mein Körpergewicht ist normal (bis zu fünfzehn Prozent über/unter meinem Idealgewicht).

( ) Ich nehme mir Zeit und Ruhe für meine Mahlzeiten.

7. Produktivität, Arbeit

( ) Finanziell fühle ich mich sicher.
( ) Mir macht meine Tätigkeit Spaß.
( ) Ich fühle mich selten in unangemessener Weise bewertet oder kontrolliert.
( ) Ich arbeite gern mit meinen Kollegen zusammen.
( ) Ich verrichte meine Arbeit in einer angenehmen Umgebung.
( ) Mein Arbeitsplatz gefährdet mich nicht (zum Beispiel durch Chemikalien, giftige Gase, Strahlen, Staub, schlechte Luft, extreme Temperaturen, Lärm, ungesicherte Maschinen, große Unfallgefahr).
( ) Ich fühle mich selten unter Zeitdruck oder gehetzt.
( ) Ich fühle mich selten überfordert.
( ) Ich fühle mich selten unterfordert.
( ) Wenn ich Spannungen mit Vorgesetzten, Kollegen, Untergebenen habe, finden wir meist Lösungsmöglichkeiten.
( ) Ich kann meine Arbeit in gewissem Umfang selbst einteilen.
( ) Ich habe genügend Pausen während der Arbeit.
( ) Ich empfinde meine Arbeit als sinnvoll und anregend.

8. Wohnen

( ) Ich bin mit meiner Wohnsituation zufrieden.
( ) Ich fühle mich in meiner Wohnung zu Hause.
( ) Ich habe das richtige Ausmaß an Kontakt zu meinen Mitbewohnern, Nachbarn.
( ) Kontakte zu Mitbewohnern, Nachbarn sind angenehm und befriedigend für mich.
( ) Ich mag die Straße und die Umgebung, in der ich wohne.
( ) die Wohnbedingungen (Größe der Wohnung, Grünflächen, frische Luft, Geschäfte, Anregungen) sind genau richtig für mich.

9. Umweltbewusstsein

( ) Ich versuche, die Verschwendung von Energie sowohl zu Hause als auch im beruflichen Bereich zu vermeiden.
( ) Ich benutze keine giftigen Reinigungsmittel.
( ) Ich benutze auch öffentliche Verkehrsmittel.
( ) Ich sorge für die Weiterverwendung von Flaschen, Papier, Kleidung, organischem Abfall.

10. Soziales Interesse

( ) Ich informiere mich über lokale, nationale und internationale Ereignisse.
( ) Ich habe Interesse an gesellschaftlichen Problemen und unterstütze Ziele, Personen, Gruppen meiner Wahl.
( ) Wenn es mir möglich ist, gebe ich Zeit und Geld für Ziele aus, die mir wichtig sind.
( ) Wenn ich Auto fahre, nehme ich Rücksicht auf Fußgänger und andere Autofahrer.
( ) Ich bin Mitglied einer oder mehrerer Gruppen (Club, soziale/politische Organisationen, Gesangverein...).
( ) Ich versuche, gemeinsam mit Kollegen unsere Interessen am Arbeitsplatz zu vertreten.

11. Einstellung zum Leben, Lebenszufriedenheit

( ) Mein persönliches Dasein erscheint mir sinnvoll.
( ) Mein tägliches Leben ist oft voll Freude und Befriedigung.
( ) Ich freue mich darauf, mindestens 75 Jahre alt zu werden.
( ) Wenn ich an den Tod denke, dann fühle ich mich vorbereitet und ohne Angst.
( ) Wenn ich heute sterben würde, dann hätte ich das Gefühl, dass mein Leben einen Wert hatte.
( ) Auch die schweren Zeiten in meinem Leben haben für mich Bedeutung und ihren Sinn.
( ) Die Art, wie ich Menschen, die Welt und meine Existenz sehe, gibt mir Kraft.
( ) Ich habe Vertrauen in die Zukunft.
( ) Auch wenn manche Situationen schwierig sind, macht es mir Freude zu leben.
( ) Veränderungen in meinem Leben machen mir keine Angst.

Auswertung

Fassen Sie Ihre Überlegungen zu den einzelnen Bereichen jeweils zu einem globalen Skalenwert zusammen und notieren Sie Einfälle und Überlegungen zu Bereichen, in denen Sie einen Mangel, zu geringe Aktivität und zu geringes Bewusstsein entdeckt haben – in denen Sie eine Entwicklung wünschen.

8. Suchtprävention im Kindergarten

8.1 Ziele und Entwicklungsaufgaben

Da die meisten Kinder im Alter von drei bis sechs Jahren einen Kindergarten besuchen, ist er die ideale Stätte als Frühwarnsystem für die Suchtvorsorge im Kindesalter, denn „die frühen Schritte der Auseinandersetzung mit Stoffen und Substanzen, die zur Spannungsregulierung und zum Abbau von Frustration verwendet werden, finden schon in dieser Altersgruppe statt" (Hurrelmann, 1995, S. 20). Suchtprävention im Kindergarten soll deshalb frühzeitig beginnen, langfristig und kontinuierlich ausgerichtet sein und die Lebenskompetenzen der Kinder fördern. Dabei rückt besonders die Förderung eigener Ressourcen und allgemeiner Bewältigungsfertigkeiten ins Zentrum der Suchtvorbeugung.

Als wesentliche Ziele und Entwicklungsaufgaben der suchtpräventiven Arbeit im Kindergarten sind zu nennen:

- Förderung sozialer Kompetenzen: Kontaktfähigkeit und Kommunikationskompetenz verbessern, eigene Meinung und Interessen gegenüber anderen vertreten, Gruppendruck widerstehen können, Hineinwachsen in eine Gruppe, Probleme und Konflikte adäquat lösen können, Erhöhung der Toleranz gegenüber anderen Verhaltens- und Lebensformen.
- Förderung von Selbstwertgefühl und Selbstkompetenz: andere und sich selbst sensibler und differenzierter wahrnehmen, größere Offenheit gegenüber Gefühlen entwickeln, sich selbst und andere mehr akzeptieren, Stabilisierung der Ich-Stärke (stabiles Selbstwertgefühl, Selbstachtung, Durchsetzungsfähigkeit, Belastungsfähigkeit, Frustrationstoleranz).
- Förderung von sinnerfüllten und erlebnisintensiven Aktivitäten (Genuss- und Erlebnisfähigkeit): ganzheitliche Lernerfahrungen vermitteln, die neben kognitiven vor allem aktive und soziale Prozesse umfassen, Erfahrungsmöglichkeiten eröffnen, bei denen die Kinder selbst Akteur und Produzent sind und daraus positive Bestätigungsmöglichkeiten für sich selbst beziehen können.
- Förderung von körperlichen Fähigkeiten und Akzeptanz des eigenen Körpers.

Suchtprophylaxe im Kindergarten sollte ihr Augenmerk auf Persönlichkeitsmerkmale richten, die eine Suchtentwicklung unwahrscheinlicher werden lassen. Deshalb müsste Zielsetzung einer suchtvorbeugend orientierten Kindergartenpädagogik der Aufbau eines stabilen, positiven Selbstwertgefühls sein. Suchtprävention im Kindergartenalter beinhaltet im Wesentlichen nicht so sehr die Vermittlung von Informationen und Wissen an Kinder. Vielmehr geht es um eine Grundhaltung der Bezugspersonen Eltern und ErzieherInnen gegenüber dem ihnen anvertrauten Kind: Kinder brauchen Liebe, Zuwendung, Vertrauen, Sicherheit, Anerkennung und Bestätigung, Freiräume, aber auch Grenzen, Orientierung, Kontakte, Eigenverantwortung, Rückzugsräume, Phantasiewelten und eine gesunde Ernährung. In den Kindergärten sollte es möglich sein, mindestens ansatzweise „leben zu lernen", d. h. persönliches Wachstum, Entwickeln und Reifen der Kinder müssten initiiert werden: „Suchtvorbeugung ist jede Erziehung, die darauf ausgerichtet ist, lebensbejahende, selbstbewusste, selbständige und belastbare junge Menschen heranzubilden und ihnen über positive Grundeinstellungen den Weg in die Zukunft zu bahnen" (Verwaltungsvorschrift des Ministeriums für Kultus, Jugend und Sport Baden-Württemberg, 04.12.1993). Dabei bedeutet Suchtprävention nicht das einmalige und isolierte Durchführen eines Projekts, sondern die suchtpräventive Arbeit sollte integriert in den Alltag der Kindergärten und kontinuierlich stattfinden.

8.2 Projekt „Spielzeugfreier Kindergarten"

Das Konzept dieses Projekts entwickelten E. Schubert und R. Strick 1992 in Zusammenarbeit mit dem kommunalen Kindergarten Penzberg in Bayern. Ausgangspunkt war der gedankliche Ansatz, sich im Rahmen der suchtpräventiven Arbeit mit Kindergarten-Kindern „sich einmal genauer mit den alltäglichen Konsumgewohnheiten der Kinder auseinanderzusetzen, und dabei lag es natürlich nahe, eines der beliebtesten Konsumgüter von Kindern als „Objekt" zu nehmen, das Spielzeug" (Schubert/Strick, 1995, S. 11). Angesichts des Überangebotes von Spielzeug und einer gewissen alltäglichen Konsumhaltung, setzt das Projekt an der Lebenskompetenzförderung an und es zielt daraufhin, den Kindern wieder einen Erfahrungsraum zu schaffen für Phantasie und Kreativität und damit auch für Selbstbestätigung, Selbstbewusstsein und selbstgestaltetem Spiel: „Wenn Spielen immer weniger von kindlichen Bedürfnissen und Phantasien und immer mehr von Fertigprodukten geprägt wird, die das Spiel schon vorgeben, ist es wichtig, Kindern wieder den Freiraum zu verschaffen, „zu sich selbst zu kommen", für einen begrenzten Zeitraum eine „Gegenerfahrung zu machen" (Seifert, in: Kammerer, 1999, S. 48).

Konzept

Als wesentliche Rahmenbedingungen dieses Projektes sind zu nennen:
- Über einen Zeitraum von drei Monaten soll zusammen mit den Kindern und mit einer gewissen Vorbereitungszeit das gesamte Spielzeug (auch Materialien wie Stifte, Papiere, Scheren, Werkzeug usw.) ausgeräumt werden.
- Während des Projektes übernehmen die ErzieherInnen hauptsächlich die Aufgabe ihre Beobachtungen in strukturierten und unstrukturierten Erfassungsrastern festzuhalten. Statt Bildungsaktivitäten durchzuführen oder das Freispiel anzuleiten, werden die ErzieherInnen zu unterstützenden BegleiterInnen der Kinder.
- Eltern und Großeltern werden in den Projektablauf einbezogen. Vor Projektbeginn, während und nach dem Projekt bekommen die Eltern wichtige Infor-

mationen. Vor Beginn des Projektes sollte die Zustimmung der Eltern eingeholt werden. Großeltern sollen in den Kindergarten eingeladen werden, um aus ihrer Kinder, z. B. ihren Spielen, zu berichten.

- Es sollen drei Elternabende in der Zeit des Projektes durchgeführt werden, um den Gedanken der Suchtprävention an die Eltern heranzutragen und die Reaktionen der Kinder außerhalb des Kindergartens zu erfahren.

Ablauf eines „spielzeugfreien Tages"

Um die Abläufe anschaulicher zu beschreiben, wird ein Tag während des Projekts kurz geschildert:

„Die Kinder kamen – wie immer – zwischen 8.00 und 9.00 Uhr in den Kindergarten. Solange erst wenige Kinder in der Gruppe waren, standen Gespräche, auch mit den Erzieherinnen, über Erlebtes im Vordergrund. Je vollzähliger die Gruppe wurde, desto stärker war das Bedürfnis nach Aktivitäten und Spielen. Oft wurden aus „planlosen" Aktivitäten konkrete Spielideen der Kinder geboren. Diese Ideen konnten sowohl Rollenspiele als auch Beschäftigungen mit Materialien bis hin zu konkreten „Bauvorhaben" beinhalten. So entstand zum Beispiel im Garten des Kindergartens ein Wigwam. Die Kinder überlegten gemeinsam, was dazu notwendig ist und besprachen dies mit den Erzieherinnen, die bei der Organisation des Materials behilflich sein konnten. Aufgrund der Lage des Kindergartens war es problemlos möglich, bei einem gemeinsamen Ausflug in den Wald Äste zu sammeln. Dabei wurden, angetrieben von der eigenen Idee, selbst sehr große und schwere Äste mühsam zum Kindergarten geschleppt. Der Bau des Wigwams zog sich dann über einige Tage hin, Mädchen und Jungen waren gleichermaßen an den handwerklichen Tätigkeiten beteiligt. Das Wigwam war Ausgangspunkt für weitere Spielideen, es wurde z. B. Indianerkleidung aus Lederresten hergestellt, aus den Resten von den Lederresten entstand dann ein Mobile. Bei der Realisierung der Ideen war die Hilfe der Erzieherinnen nur bei Materialorganisation sowie der Beschaffung und Handhabung von Werkzeug gefragt. Allerdings fiel es einigen Erzieherinnen durchaus schwer, nicht mit eigenen Vorschlägen und Ideen in das Spiel einzugreifen bzw. in ihren Augen „umständliche" Vorgehensweisen der Kinder zu „rationalisieren" (Schubert/Strick, 1995, S. 14).

Beobachtungen

- Vor dem Projekt herrschten deutlich mehr Hektik, Streit und Toben, weniger Miteinander und mehr Konkurrenz.
- Mahlzeiten waren ohne Intervention der Erzieherinnen zu einem wichtigen Treffpunkt geworden. So trafen sich z. B. zum Frühstück nicht wie vorher zwei bis drei Kinder, sondern 10 bis 15.

- Das Gespräch und das Ausruhen in der Kuschelecke hatten an Attraktivität gewonnen.
- Es gab kaum noch reine Jungen- und Mädchengruppen.
- Jedes Kind schien seinen eigenen Rhythmus festzulegen: Schüchterne Kinder bleiben entweder noch ein wenig länger im Abseits, kamen dann jedoch dazu oder wurden von anderen in das Spiel einbezogen.
- Ideen zu selbsthergestellten Werken entstanden, wurden von anderen angenommen, erweitert und der Rat der Erzieherinnen – wenn nötig – gesucht.
- Es blieb genug Zeit und Raum für Phantasie und Kreativität.
- Der früher beim Spiel häufig zu beobachtende beengende Zeit- und Leistungsdruck war kaum noch vorhanden.
- Das Verhalten der Kinder vermittelte den Eindruck, dass sie durch ihr wachsendes Selbstvertrauen gelernt hatten, eigenständig zu handeln und ihre Grenzen zu erkennen. Für den zwischenmenschlichen Umgang besagte dies: Sich selbst und den anderen akzeptieren und respektieren lernen, „Ja" und „Nein" sagen können, sowie die eigenen Fähigkeiten und die der anderen wahrzunehmen und gemeinsam zu nutzen. Die Kinder konnten sich stärker auf Gruppenprozesse einlassen, verschiedene Positionen in der Gruppe erproben und sich in verschiedenen Rollen versuchen.
- Das Spielen miteinander, das gemeinsame Gespräch und die gemeinsame Verwirklichung von Ideen nahm den größten Raum ein.
- Beim Spiel im Freien war die Natur zum wichtigsten „Spielkameraden" geworden.

Ergebnisse

Die wissenschaftliche Begleitstudie, die in den Händen von Anna Winner (1998) lag, kam zu folgenden Resultaten:
- Stärkung der Beziehungsfähigkeit

  Während der spielzeugfreien Zeit verloren die Spielsachen ihre Attraktivität, während die Kinder sich wechselseitig als interessanter empfanden: „Im Team wurden gemeinsame Lösungen gefunden, geschlechtsstereotypische Verhaltensmuster wurden schwächer, Jungen und Mädchen spielten mehr miteinander" (Seifert, in: Kammerer, 1999, S. 50).
- Stärkung der Wahrnehmung persönlicher Bedürfnisse und Stärkung des Selbstvertrauens

  Die offene Struktur des Tagesablaufs unterstützte nachhaltig den Entscheidungsspielraum der Kinder für ihre persönlichen Bedürfnisse.
- Stärkung der sprachlichen Kompetenz

  Die Kinder sprachen mehr miteinander. Auch schüchterne und zurückgezogene Kinder beteiligten sich eher am Gespräch als vorher.

- Förderung der Kreativität und des kritischen Denkens
  Die Kinder entwickelten eigene Ideen und Themen, spielten mit ungewohnten oder unüblichen Materialien und kamen zu Lösungen bei selbstgestellten Aufgaben.
- Stärkung der Frustrationstoleranz und der Spielfähigkeit
  Durch die spielzeugfreie Zeit erhielten die Kinder die Möglichkeit, für ihre eigenen Probleme selbst Lösungen zu finden, und sie erlebten, dass der Erfolg ihnen ganz allein gehört.

Das Projekt ist inzwischen in Deutschland in gleicher oder abgeschwächter Form vielfach erfolgreich durchgeführt worden: „Der Erfolg des Projekts und dessen Verbreitung darf nun nicht dazu führen, pädagogische Wunder zu erwarten. Es ist ein Ansatz in der Suchtprävention, der Kinder dabei helfen kann, ihre Persönlichkeit zu stärken und Stärken und Schwächen kennenzulernen. Er kann aber nicht alle ihre Probleme lösen und darf uns nicht davon abhalten, weiterhin zu überlegen, wie wir das Umfeld von Kindern so gestalten können, dass sie ihre Bedürfnisse realisieren können" (Schubert/Strick, 1995, S. 13).

8.3 Waldpädagogik

Immer wieder gilt es bei der Arbeit im Kindergarten, den Kindern Freiräume zu schaffen, die ihnen die Möglichkeit bieten, mit allen Sinnen die Welt erfahren zu können. Räume, die offen sind, trotzdem aber herausfordern, beeindrucken durch eine Vielzahl von Bildungs- und Entwicklungsmöglichkeiten. Dies alles, kombiniert mit Bewegung und verbunden mit einem hohen Erlebniswert bietet die Natur. Natur durch regelmäßige Waldprojekte in den Alltag des Kindergartens integriert, vermittelt den Kindern viele bewegende Erfahrungen und Erlebnisse.

Waldpädagogik ist eine Methode zur Naturvermittlung, die mit einem ganzheitlichen Verständnis versucht, die folgenden Ziele zu erreichen:

- Kinder sollen sich ihrer körperlichen, seelischen und geistigen Kräfte bewusst werden.
- Kinder sollen die Natur/Umwelt wertschätzen.
- Kinder sollen sich sachkompetent verhalten.
- Kinder sollen sensibel werden für ökologische Zusammenhänge (vgl. Jaszus u. a., 2008, S. 603).

Die Erfahrung des Waldes im Rahmen von Waldtagen, Waldwochen oder in Waldkindergärten bietet den Kindern vielfältige Bewegungsanreize, echte authentische Erfahrungen, sensibilisierte Sinneseindrücke, Einblicke in die Natur, eigene Handlungsmöglichkeiten, erweitertes Wissen und kooperatives Verhalten. Waldpädagogik kann gewissermaßen „als Option eines Erfahrungshorizontes für den Weltentdecker, Expermentierer, fragenstellenden Weltversteher – eben das Kind" (Klöden, 2007, S. 253) verstanden werden. Eine körperlich sinnliche Erfahrung im Rahmen eines „individuellen Abenteuers" eines Kindergarten-Kindes schildert das folgende Beispiel:

„Mit den Füßen Halt suchend, versucht er sich die Böschung hinaufzuziehen. Das Gras ist nass, es ist glatt, glitschig. Seine Hände krallen sich in die feuchte, weiche Erde. Immer wieder rutscht er ab – zurück – dort hin, wo still das Krokodil lauert, ruhig im trüben Wasser treibt, auf ihn wartet. Nochmals reckt er sich, greift nach einem Ast, der sich gerade noch in seiner Reichweite befindet. Zerrt daran, der Ast hält sein Gewicht. „Jetzt bin ich dir entkommen", denkt er und zieht sich nach oben, froh und stolz den Abhang erklommen zu haben. Jetzt noch durch das dichte Gestrüpp des Dschungels; die Freunde, die sich den Weg durch Unterholz bahnen sind schon zu hören. „Ich werde sie einholen", denkt er und macht sich auf den Weg" (Klöden, 2007, S. 252).

Als Themen der Waldpädagogik bieten sich z. B. an:

- *Wald und Märchen*

  Märchen werden im Wald mit Waldmaterialien inszeniert (Masken und Kostüme). Die Kinder improvisieren Szenen mit phantastischen Gestalten (mögliche Waldbewohner wie Tiere und unmögliche Waldbewohner wie Hexen, Zwerge).

- *Gestalten mit Naturmaterialien*

  Skelettieren von Blättern, Schnitzen mit Rinde, Waldschiffchen und -flöße bauen

  Hütten bauen, „Wald-Sofa" herstellen

Waldpädagogik als ganzheitliche Erfahrungs- und Erlebnisräume leistet nicht nur eine Prävention gegenüber Suchtverhalten, sondern kann auch die Schulfähigkeit positiv unterstützen (emotionale Ausgeglichenheit, körperliche und kognitive Entwicklung. Gesundheit).

8.4 Theaterspiel

Das Medium Theater bietet für die Suchtprävention im Kindergarten viele Ansatzmöglichkeiten. Zahlreiche Spielformen für phantasievolles Theater sind denkbar wie z. B. Puppenspiel. Clowntheater, Musiktheater, Musical, Schattentheater usw. Beim eigenen Theaterspiel der Kinder können Persönlichkeitsmerkmale zum Vorschein treten, die in einem Theaterstück ausgelebt werden können. Verhaltensmuster und Gefühle – wohltuende oder/und beängstigende – kommen zum Ausdruck. Das Spiel eröffnet die Möglichkeit, positive Gefühle zu erleben und schützende Verhaltensmuster vor angstmachenden Situationen zu erlernen. Die Kinder können dadurch die eigene Persönlichkeit stärken und sich soziale Kompetenz erwerben. Sich in aktuellen Lebenssituationen zurechtzufinden und positive Lösungen kennenzulernen – darin liegt wohl die große Chance des Theaterspiels. Wenn sich ErzieherInnen nicht kompetent genug für das Theaterspielen empfinden, können sie eventuell auch die Hilfe und die Zusammenarbeit mit TheaterpädagogInnen suchen.

8.5 Elternarbeit

Suchtprävention ist erfahrungsgemäß dann am wirksamsten, wenn sie früh beginnt und wenn alle am Erziehungsprozess beteiligten Personen zusammenarbeiten. Für den Kindergarten bedeutet dies, eine konstruktive und tragfähige Kooperation zwischen ErzieherInnnen und Eltern anzubahnen und auszubauen. Eine wichtige Voraussetzung für das Gelingen dieses Anspruchs ist, dass beide Kooperationspartner einander respektieren und verstehen.

Die Zusammenarbeit zwischen Eltern und Kindergarten ist auf vielerlei Weise möglich.

Im Sinne einer frühen Suchtprävention sollte die Elternarbeit im Kindergarten vielfältige Gelegenheiten zum Gespräch und zum Nachdenken schaffen. Das bedeutet, nachzudenken über:

- Grundhaltungen in der Erziehung
- Gestaltung von Familienzeit und Freizeit
- Nutzung von Medien
- Gesellschaftliche Situation von Kindern und Familien
- Ernährungshaltung
- Konsumverhalten (vgl. Sozialministerium Baden-Württemberg, 1994, Kapitel 10, S. 1).

Wird das Gespräch z. B. gezielt an einem Elternabend angestrebt, können die ErzieherInnen auch mit Experten (MitarbeiterInnen von Beratungsstellen) zusammenarbeiten.

Wenn eine Erzieherin/ein Erzieher aufgrund konkreter Hinweise vermutet, dass in einer Familie eine Suchtproblematik besteht, sollte sie ihre Beobachtungen nicht für sich allein behalten. Im fachlichen Gespräch sollten im Team alle Informationen und Beobachtungen bezüglich des Kindes und seiner Familie zusammengetragen werden. Zeitnah sollten dann die Eltern zu einem Gespräch in den Kindergarten eingeladen werden, in dem die Erzieherin/der Erzieher seine Beobachtungen und Sorgen mitteilt, die Sichtweise der Eltern kennenlernt und die Eltern auf Inanspruchnahme geeigneter Hilfen hin unterstützt. Für das weitere Vorgehen schlägt Maywald (2008, S. 33) folgende Schritte vor:

- Vereinbaren Sie mit den Eltern, wie das Kind altersgemäß über Sucht und Abhängigkeit der Eltern aufgeklärt wird. Es muss erfahren, dass es möglich ist, darüber zu reden, und dass es an der Situation keine Schuld trägt.
- Wenn das Wohl des Kindes aufgrund einer Suchterkrankung in der Familie gefährdet ist, bitten Sie eine insofern (d.h. hinsichtlich Kindeswohlge-

fährdung) erfahrene Fachkraft zu einem Gespräch, nehmen Sie mit ihrer Unterstützung eine Risikoabschätzung vor und planen Sie das weitere Vorgehen. Die Fachkraft kann vom Träger gestellt werden oder von außerhalb kommen. Wenn die Fachkraft zugleich Mitarbeiter/in des Jugendamts ist, sollten Sie vermeiden, den Namen der Familie zu nennen bzw. die Angaben anonymisieren.

- Sofern die Eltern im Falle einer Gefährdung ihres Kindes keine Hilfe annehmen oder die von Ihnen angenommenen Hilfen nicht ausreichend erscheinen, hat der Kindergarten das Jugendamt zu informieren. Die Eltern sollten darüber in der Regel vorab in Kenntnis gesetzt werden.
- Sämtliche Handlungsschritte sind sorgfältig zu dokumentieren.

Es soll hier nur exemplarisch eine Form der Kooperation zwischen Eltern und ErzieherInnen im Rahmen der suchtpräventiven Arbeit vorgestellt werden. Häufig stellt sich in vielen Kindergärten bei der Vorbereitung des Sommerfestes die Frage: Sollen alkoholische oder nicht-alkoholische Getränke für die Erwachsenen angeboten werden? Eltern und ErzieherInnen sollten sich zusammen auf ausschließlich nicht-alkoholische Getränke verständigen. Alle Beteiligten an diesem Fest, also Kinder, ErzieherInnen und Eltern, gestalten dann aktiv und gemeinsam die Herstellung von nicht-alkoholischen Getränken, wofür es leckere Rezepte gibt. Das bedeutet für die Kinder, dass Essen und Trinken über bloße Ernährungsfunktion hinaus auch ein Stück erlebter Gemeinschaft, ein festliches Ritual werden können und dass sie sehen, dass auch ihre erwachsenen Vorbilder ohne Alkohol eine festliche Stimmung erleben.

Rezeptvorschläge (vgl. Badischer Landesverband gegen die Suchtgefahren)

Kalte Ente (für ca. 10 Gläser)

Zutaten:

Eine Zitrone (unbehandelt), eine Orange (unbehandelt), ein Liter herber Apfelsaft, eine Flasche Mineralwasser, 10 Eiswürfel

Zubereitung:

Orange und Zitrone in Scheiben schneiden und in ein Glasgefäß legen. Nun den Apfelsaft darüber gießen und alles zwei Stunden ziehen lassen. Danach das gekühlte Mineralwasser und die Eiswürfel dazu geben.

Ingrids Geheimnis (für ca. 12 Gläser)

Zutaten:

Zwei Flaschen schwarzer Johannisbeersaft, eine Flasche Apfelsaft, zwei Zitronen (unbehandelt), ½ Liter Mineralwasser

Zubereitung:
Die gut gekühlten Säfte in ein Bowlegefäß gießen. Eine Zitrone auspressen und den Saft dazu geben. Die zweite Zitrone abwaschen und in dünne Scheiben geschnitten in die Bowle legen. Diese nun zugedeckt an einem kühlen Ort etwa zwei Stunden ziehen lassen. Vor dem Servieren die Bowle mit ½ Liter Mineralwasser auffüllen.

Früchte-Bowle (für ca. 17 Gläser)

Zutaten:
Eine Flasche Mineralwasser, ¾ Liter Apfelsaft, eine Flasche Orangeade, eine kleine Ananas, ⅛ Liter Zitronensaft, ¾ Liter Maracujasaft, eine Dose Pfirsiche, ½ Liter Pampelmusensaft, 15 Eiswürfel

Zubereitung:
Die abgetropften Pfirsiche sowie die Ananas in kleine Würfel schneiden. Diese dann mit dem Pampelmusensaft und dem Zitronensaft übergießen. Das Ganze zwei bis drei Stunden im Kühlschrank ziehen lassen. Das Angesetzte danach mit den restlichen Säften und der Orangeade auffüllen. Zum Servieren Eiswürfel und Mineralwasser dazu geben.

Quartett-Bowle (für ca. 15 Gläser)

Zutaten:
Eine Scheibe Ananas, ½ Liter Traubensaft, zwei Orangen, fünf Pfirsiche, ¾ Liter Apfelsaft, ½ Liter Mineralwasser, ½ Liter Ginger Ale, Eiswürfel

Zubereitung:
Die Ananasscheiben und die abgezogenen Pfirsiche in kleine Stücke schneiden und mit den Säften zusammen in einem zugedeckten Gefäß im Kühlschrank ziehen lassen. Vor dem Servieren die Bowle mit dem Mineralwasser auffüllen und die Eiswürfel dazu geben.

8.6 Entspannung

Ein relativ großer Teil von Kindergartenkindern zeigt Verhaltensauffälligkeiten aufgrund von Reizüberflutung, Stress und überzogenem Leistungsdenken. In Kindergärten und Grundschulen kann beobachtet werden, dass die Anzahl von unruhigen, unkonzentrierten und zum Teil aggressiven Kinder zugenommen hat. Natürliches und alltägliches Bewegen, z. B. zum Spannungsabbau, ist seltener geworden. Beispielsweise spielen zu viele Kinder drinnen statt draußen, sitzen zu lange vor dem Fernseher oder werden bereits morgens mit dem PKW in den Kindergarten gefahren. Solche Kinder kommen im Kindergarten häufig nur schwer zur Ruhe. Zum Beispiel werden diese Kinder im Stuhlkreis oft ermahnt, weil sie sich oft hin und her bewegen oder an irgendetwas herumspielen. Sie können sich schlecht konzentrieren und kaum zu hören: Im Stuhlkreis fällt es Alexander schwer still zu sitzen und aufzupassen. Er macht irgendwelche Geräusche (z. B. ahmt er einen Dinosaurier nach) oder er spielt z. B. an seinem Schuh. Er stört dadurch die anderen Kinder und den Ablauf der Aktivität.

Für alle Kindergartenkinder, besonders aber für von Unruhe und Unaufmerksamkeit betroffene Kinder, sollten Ruhepole im Kindergarten geschaffen werden. Dafür bieten sich eine Vielzahl von verschiedenen Körpererfahrungsmethoden und Entspannungsübungen an, wie z. B. Yoga, Tai Chi, Massage usw. Viele Kindergärten verfügen bereits über Ruhe- oder Entspannungsräume, die häufig mit den Kindern zusammen gestaltet wurden. Idealerweise stehen diese Räume allen Kindern zu jeder Zeit offen.

Bewährt hat sich ein Vorgehen, bei der die Kinder Schritt für Schritt Entspannung erfahren und erlernen. Am Anfang können Stille-Momente in Alltagssituationen integriert werden, wenn z. B. während eines Spazierganges die Kinder innehalten und still einen Käfer oder einen Regenwurm beobachten.

Entspannungsübungen dienen der Herstellung von Ruhe (z. b. auch vor kognitivem Lernen) und sollten immer mit dem gleichen Ritual beginnen (z. B. Anzünden einer Duftkerze, Erklingen einer Glocke).

Beispiel für die erste Entspannungsstunde (Salbert, 2000, S. 15)

Thema: Meine Füße (für acht vier- bis fünfjährige Kinder)

Zur Zeit heißt das Thema der Gruppenarbeit „Mein Körper". Die Kinder haben sich schon mit den einzelnen Körperteilen und ihren Funktionen beschäftigt. Nun wollen wir das Thema vertiefen.

Durchführung:

Das Ritual mit dem Händedruck ist ihnen bekannt und wir begrüßen uns in dieser Runde.

„Heute wollen wir unsere Füße genauer anschauen und feststellen, was sie können und was sie fühlen."

„Zeigt mal, wie wir uns mit unseren Füßen bewegen können!"

Kinder machen Vorschläge und alle probieren es aus (Bewegungen beobachten und erleben).

Dann folgt ein Bewegungsspiel nach der Melodie „Zeigt her eure Füße, zeigt her eure Schuh", welches die Kinder in der Originalfassung kennen. Wir dichten den Text um (Bekanntes kreativ verändern, mit Freude phantasievoll gestalten und bewegen).

Der mögliche neue Text:

Zeigt her eure Füße, zeigt her eure Zehen, wir wollen gemeinsam den langen Weg nun gehen.

- Wir gehen, wir gehen, wir gehen den ganzen Tag ... (gemäßigtes Tempo)

- Wir springen, wir springen, ... (von einem Bein auf das andere)
- Wir spazieren, ... (gemütliches Schlendern)
- Wir hüpfen, ... (mit beiden Beinen)
- Wir rennen, ... (schnelles Tempo)
- Wir balancieren, ... (einen Fuß vor dem anderen).

„Bevor wir uns und unsere Füße entspannen wollen, schauen wir unsere Füße noch einmal genau an" (Die einzelnen Fußteile anschauen, benennen und bewegen).
„Nun wollen wir unsere Füße verwöhnen, ihnen etwas Gutes tun."

Es werden Schüsseln mit warmem Wasser und Waschlappen in die Mitte gestellt. Die Kinder tauchen die Waschlappen ein, wringen sie aus und reiben damit ihre Füße ab. Anschließend werden Schüsseln mit kaltem Wasser hingestellt und die Füße mit kaltem Wasser abgerieben. Danach werden die Füße abgetrocknet. Jedes Kind darf nun mit Creme seine Füße einreiben und massieren. Dann wickeln die Kinder sich selbst und ihre Füße in Decken, und wenn sie möchten, schließen sie die Augen. Wir kuscheln uns in unsere warmen Decken, bewegen uns noch einmal hin und her und liegen dann ganz ruhig auf unserer Unterlage. Unsere Füße können sich nun so richtig schön ausruhen. Spürt einmal in eure Füße, wie gut sich eure Füße anfühlen (Pause). Und unsere Füße werden unter der Decke immer wärmer, immer wärmer – angenehm warm sind nun unsere Füße (Pause). Und wir spüren, wie sich die angenehme Schwere nun im ganzen Körper ausbreitet und die angenehme Wärme den ganzen Körper durchzieht (Pause).

Nun wollen wir langsam wieder wach werden. Wir recken und strecken uns und gähnen, wie aus einem langen tiefen Schlaf erwacht. Wir öffnen die Augen und sehen das Zimmer. Wir bewegen die Hände und Füße, Arme und Beine und setzen uns langsam auf. Die Kinder wecken ihre Körperteile, indem sie sie nacheinander abklopfen. Sie beginnen im Sitzen mit den Füßen. Zum Schluss wird der Kopf geweckt, indem sie auf ihre Wangen klopfen und die Kopfhaut mit den Fingerspitzen massieren.
Verabschiedung: Händedruck weitergeben.

Phantasiereise „Dein ganz besonderer Freund"

Jedes Kind sucht einen Platz aus und legt sich auf eine Decke. Danach werden die Kinder mit einem „Zauberstab" verzaubert, damit es ihnen leichter fällt sich zu entspannen und die Augen zu schließen.

Stelle Dir vor, dass Du am Ufer eines Sees spazieren gehst. Mitten im See ist eine kleine Insel. Dort wohnt dein Freund. Im Schilf entdeckst Du ein kleines Ruderboot. Du steigst ein. Zuerst musst Du Dich kräftig anstrengen. Doch dann geht es plötzlich wie ganz von selbst. Ganz leicht lassen sich jetzt die Ruder bewegen. Das Boot gleitet über das Wasser.

Du siehst die Insel näher kommen und Du freust Dich, denn Du weißt, dass dort jemand ganz Liebes auf Dich wartet. Sanft gleitest Du auf die Insel zu. Das Boot setzt im Sand des Strandes auf und Du steigst aus.

Die Vögel zwitschern und die Sonne scheint warm. Du folgst einem kleinen Sandpfad in den lichten Wald hinein. Sonnenstrahlen glitzern auf den Blättern. Du hörst es leise rascheln. Da kommt etwas auf Dich zu. Stelle Dir vor ob es ein Mensch oder ein Tier ist. Du spürst, dass dieses Wesen ein ganz liebes Wesen ist. Es ist Dein Freund. Du weißt, diesem Freund kannst Du alles erzählen, sei es lustig oder traurig. Es ist Dein ganz besonderer Freund. Ihm fällt immer eine gute Lösung ein. Er wird Dir immer helfen.

Du nimmst ihn ganz fest in den Arm. Ihr spielt zusammen.

Langsam wird es dunkel. Du musst jetzt nach Hause. Verabschiede Dich von Deinem Freund. Was möchtest Du ihm noch sagen? Was sagt Dein Freund zu Dir?

Er begleitet Dich zu Deinem Boot. Du winkst ihm zum Abschied. Schnell und sanft gleitet Dein Boot zurück zum Festland. Du weißt, Du wirst Deinen Freund bald wiedersehen.

Wenn die Geschichte zu Ende ist, werden die Kinder mit dem Zauberstab wieder „entzaubert" und sie können berichten, wen sie auf der Insel getroffen haben und was sie alles mit ihrem Freund erlebt haben. Im Anschluss daran kann jedes Kind noch ein Bild von seinem sich vorgestellten Freund malen.

Massageübung „Zehn kleine Zwerge"

Ein Kind legt sich auf den Bauch und ein anderes Kind kniet sich daneben.

Geschichte	*Bewegungen*
10 kleine Zwerge steigen langsam einen Berg hinauf. Auf der Spitze angekommen, rutschen sie den Berg wieder hinunter.	Mit 10 Fingern bis zum Kopf hochkrabbeln, dann mit den flachen Händen wieder hinunter rutschen.
Das macht ihnen so viel Spaß, dass sie das noch einmal machen.	Wiederholen
Völlig außer Atem klettern sie wieder hinauf und rutschen wieder hinunter.	Wiederholen
Als sie noch ein letztes Mal den Berg zur Spitze hochsteigen, genießen sie die Aussicht.	
Sie sehen die Sonne. Sie fühlen ihre warmen Strahlen und fühlen sich wohl.	Mit dem Zeigefinger eine Sonne malen. Langsam mit den flachen Händen über den Rücken streicheln.
Plötzlich schiebt sich eine dicke Wolke vor die Sonne und es fängt langsam an zu regnen.	Mit den Fingerspitzen leicht auf den Rücken klopfen. Stärker klopfen!

Zuerst ganz leicht, dann immer stärker. Schließlich kommt es zu einem Unwetter. Schnell verstecken sich die 10 kleinen Zwerge in einer Höhle und kriechen eng aneinander. Bis auf zwei kleine Zwerge, die das Unwetter aufgeregt beobachten.	Mit den Fäusten auf den Rücken klopfen. Hände auf die Schultern legen, Daumen bewegen sich hin und her.
Als nach einer Weile die Sonne wieder anfängt zu scheinen und die 10 kleinen Zwerge mit ihren warmen Strahlen aus ihrem Versteck holt, klettern die Zwerge schnell nach Hause und fallen müde in ihre Betten.	Mit dem Zeigefinger eine Sonne malen.

Nach der Übung wechseln die Kinder die Plätze und das Kind, das vorher massiert hat, wird nun massiert.

Yoga

Yoga ist eine ganzheitliche Methode, denn sie hilft den Kindern einerseits, ihre Kräfte zu aktivieren, andererseits zu einer inneren Ruhe zu finden: „Kinder werden durch das Üben nicht nur ruhiger und ausgeglichener, sie werden auch körperbewusster und können sich selbst und ihre Kräfte besser einschätzen. Der Blutkreislauf und die Verdauung werden angeregt und eine gesunde Atmung begünstigt. Die Kinder lernen, Alltagsbelastungen, Angst und Stress zu verarbeiten und können ihre Phantasien ausleben" (Salbert, 1998, S. 12).

Beispiel (Salbert, 1998, S. 9):

- Decke holen und im Kreis auslegen: Jedes Kind hat eine eigene Decke und ein Kuscheltier für die Bauchatmung.
- Begrüßungsritual: Man gibt sich im Kreis die Hände, verbeugt sich oder lächelt einander zu.
- Einleitendes Gespräch: Um Stimmungen und Befindlichkeiten der Kinder zu erfahren.
- Atmung: Atembeobachtungen, Atemübungen, Yogaübungen in Verbindung mit der Atmung
- Thema: Über ein Gespräch werden die Kinder zum Thema hingeführt: Zum Beispiel: „Heute früh sah ich eine schwarzweiße Katze und erinnerte mich daran, dass ich als Kind auch so eine Katze hatte. Sie hieß Minka." Eine Fee verzaubert alle Kinder in Katzen. Ein Kind kann die Fee spielen und sich dann selbst noch in eine Katze verwandeln.
- Yoga-Übungsreihe: Verpackt in ein Märchen mit glücklichem Ausgang und Zurückverwandlung der Kinder
- Schlussentspannung: Phantasiereise, Entspannungsmusik
- Zurücknahme: Kinder recken, strecken und gähnen lassen ist wichtig, um wach zu werden.

- Abschließendes Gespräch: Die Kinder erzählen, was sie gespürt, erlebt und geträumt haben.

Tai Chi

In der Arbeit mit Kindergartenkindern bietet Tai Chi die Möglichkeit, spielerisch motorische Grundabläufe zu üben, die entscheidend das Körperbewusstsein beeinflussen, der Entspannung dienen und dem natürlichen Bewegungsdrang des Kindes entgegen kommen. Zur Einführung dieser Methode in den Kindergarten empfehlen sich Mitmachgeschichten, in denen die ErzieherInnen die Übungen – in die Geschichte integriert – anleiten. Am Anfang sollte der zeitliche Rahmen 15 Minuten nicht überschreiten.

Als Einleitung für eine Tai Chi-Geschichte eignet sich eine Stille-Übung, wie z. B. das stille Sitzen um eine brennende Kerze. Einzelne Elemente können auch zwischendurch immer wieder in den Tagesablauf eingebaut werden, wie z. B. „schulterbreit wie ein Baum im Wind stehen" oder „tief verwurzelt in der Erde stehen".

8.7 Ernährungserziehung

Der Kindergarten ist ein geeigneter Ort für eine früh beginnende Ernährungserziehung und damit einher gehend auch mit einer Förderung der Gesundheit der Kinder. In diesem Lebensabschnitt entwickeln sich Einstellungen und Bewältigungskompetenzen, die für die Gesundheits- und Ernährungsförderung wichtig sind. Im Kindergarten kann diese Förderung die folgenden Ziele anstreben:

- Förderung eines gesunden Ernährungsverhaltens bei ErzieherInnen, Kindern und Eltern, um Über-, Fehl- und Unterernährung zu reduzieren,
- Förderung der motorischen Fähigkeiten der Kinder, um den Bewegungsmangel bei Kindern zu vermindern,
- Förderung der psychosozialen Gesundheit der Kinder,
- Stressfaktoren bei Kindern und ErzieherInnen zu minimieren und Schutzfaktoren zu fördern, womit die suchtpräventive Arbeit unterstützt wird (vgl. Büchter, 2008, S. 28).

Eine bedarfsgerechte Ernährung fördert die Entwicklung und das Wohlbefinden der Kinder. Bereits im frühen Kindesalter wird das Ernährungsverhalten entscheidend geprägt. Die in dieser Zeit erworbenen Essgewohnheiten werden meistens im Erwachsenenalter beibehalten. Später ist es oft sehr mühevoll, liebgewonnene aber gesundheitlich ungünstige Gewohnheiten zu ändern. Einer frühen gesundheitsorientierten Ernährungserziehung kommt deshalb eine große Bedeutung zu.

Schwerpunkte der Ernährungserziehung

- **Erziehung zur Selbständigkeit**

Ernährungserziehung zielt, wie die gesamte Sozialerziehung, in erster Linie darauf hin, zur Selbständigkeit zu erziehen. Die Aufrechterhaltung des Hunger-Sättigungsmechanismus kann erreicht werden, wenn das Kind
- sich zum Essen Zeit lassen darf,
- sich selbst den Teller füllen darf oder nur so viel auf den Teller bekommt, wie es möchte,
- nur so viel zu essen braucht, wie es will,
- beim Nahrungsmitteleinkauf, der Mahlzeitenzubereitung und Kostgestaltung mithelfen darf,
- keine Lebensmittel oder zuckerhaltigen Getränke vor oder zwischen den Mahlzeiten erhält und ihm dadurch der Appetit vergangen ist.

- **Gewöhnung der Kinder an nährstoffreiche Lebensmittel**

Voraussetzung für eine Mitbestimmung des Kindes ist, dass eine grundsätzliche Bereitschaft besteht, das Nahrungsangebot am Bedarf des Kindes auszurichten. Aufgabe der ErzieherInnen ist es, die Kinder frühzeitig an die regelmäßige Aufnahme von Lebensmitteln mit hoher Nährstoffdichte zu gewöhnen.

- **Einschränkung des Verzehrs von Süßigkeiten**

Nicht nur als Zwischenmahlzeit, sondern auch kurz vor einer Hauptmahlzeit sind stark zuckerhaltige Lebensmittel unerwünscht. Der Zucker geht rasch ins Blut über. Dadurch schwindet das Hungergefühl. Folglich wird von der eigentlichen Hauptmahlzeit mit einem Angebot an vitamin- und mineralstoffreichen Speisen nichts oder nur wenig gegessen.

Die Vorliebe für Süßigkeiten und süße Getränke bereitet in der Ernährungserziehung häufig Schwierigkeiten: „Die Minimalpraxis im Bereich „gesunde Ernährung" besteht immerhin noch darin, den Süßigkeitenkonsum drastisch zu reduzieren und mit Hilfe von kontinuierlicher Elternarbeit eine Umstellung der Mahlzeiten in den Kindereinrichtungen zu erreichen. An zentraler Stelle steht hier das Frühstück. Nahezu alle Einrichtungen berichteten über die Umstellung auf ein „gesundes Frühstück". Die Eltern werden gebeten, anstelle von Süßigkeiten, von „Mars", „Nutella-Brötchen" oder „Milchschnitten", Brot oder Brötchen mit Wurst, Käse, Quark und Obst mitzugeben" (Brückner-Groh, 1989, S. 48). Soll der Konsum von Süßigkeiten eingeschränkt werden, bedarf es einer konsequenten Haltung der ErzieherInnen und einer frühzeitigen Gewöhnung an nährstoffreiche Kost. Es wäre vorteilhaft, dem Kind anstelle einer nicht überschaubaren Menge an Bonbons, Schokolade, Limonade usw. Obst, Nüsse, eine süße Nachspeise und nur schwach oder gar nicht gezuckerte Getränke anzubieten und eine kleine Wochenration an Süßigkeiten festzulegen, über die das Kind dann selbst verfügen kann.

- **Gezielte Förderung eines gesundheitsbewussten Ernährungsverhaltens**
  Bedarfsgerechtes Ernährungsverhalten können ErzieherInnen und Eltern am ehesten erreichen, wenn sie
  - dem Kind ein gutes Vorbild geben und positive Beispiele aufzeigen. Eltern und ErzieherInnen sollten sich dabei im Klaren sein, dass ihr eigenes Verhalten für das Kind Leitbildfunktion hat, auch im Hinblick auf Ablehnung oder Bevorzugung bestimmter Lebensmittel und Speisen, die Nahrungsauswahl, -menge und das gesamte Essverhalten.
  - bestärken, wenn es bedarfsgerecht isst und somit sein Verhalten festigen.
- **Förderung der Sozialerziehung**
  Das gemeinsame Zubereiten von Mahlzeiten und das gemeinsame Essen der Kinder kann bei Kindern, die falsche Ernährungsgewohnheiten erlernt haben, zu einer Änderung ihres Verhaltens führen. Das Erleben der Kindergemeinschaft beim Essen kann für die folgenden Bereiche förderlich sein: „Die Herstellung einer ruhigen, entspannten Atmosphäre, der zusammen gedeckte Tisch, das appetitlich angerichtete Essen, die gegenseitige Hilfe beim Essen, all das ist dazu angetan, Genussfähigkeit und die Sinnesentwicklung bei Kindern zu fördern, ihr Gemeinschaftsverhalten und ihre späteren Ernährungsgewohnheiten entscheidend mitzuprägen" (Brückner-Groh, 1989, S. 50).

Tipps für ErzieherInnen

Im Folgenden werden einige Anregungen für ErzieherInnen zusammengefasst, die sich verstärkt für ein bedarfsgerechtes Ernährungsverhalten der Kinder einsetzen sollen:

Es ist vorteilhaft,
- zu beobachten, welche Lebensmittel die Kinder in den Kindergarten mitbringen.
- die Kinder zu motivieren, ihren Süßigkeitskonsum einzuschränken, z. B. Alternativen anbieten bei Geburtstagsfeiern, Sommerfesten usw.
- besonders geeignete Lebensmittelgruppen wie z. B. Milch und Milchprodukte, Vollkornprodukte, Gemüse und Obst hervorzuheben.
- im Kindergarten nur energiearme Getränke wie Mineralwasser oder schwach gesüßten Tee anzubieten.
- keinen Zwang zum Essen auf die Kinder auszuüben.
- Mahlzeiten möglichst in Kleingruppen einzunehmen.
- mit den Kindern zusammen Lebensmittel einzukaufen und anschließend eine Mahlzeit zuzubereiten.
- den Eltern die Ziele der Ernährungserziehung im Kindergarten mitzuteilen, mit der Bitte, diese zu unterstützen.

- Elternabende zu Themen aus dem Bereich Kinderernährung und Ernährungserziehung, z. B. in Zusammenarbeit mit Experten für Kinderernährung, durchzuführen.
- Erkundungsgänge (Besuch auf dem Wochenmarkt, Besuch in Lebensmittel verarbeitenden Betrieben, Besuch auf dem Bauernhof usw.) mit den Kindern durchzuführen.
- wenn ein Beet angelegt wird (Bepflanzung z. B. mit Kresse, Küchenkräutern).

Bei den aufgezeigten Anregungen besteht die Chance, dass sie sich bei deren Umsetzung nachhaltig auf die Ernährung und Gesundheit und damit auf die Entwicklung der Kinder auswirken können. Gleichzeitig sollten aber immer die Gesundheit und das Wohlbefinden von ErzieherInnen und Eltern im Blickpunkt bleiben, um so im gesamten Umfeld der Kinder eine gesundheitsbewusste Atmosphäre zu schaffen.

8.8 Gefühle

Für Kinder sind Gefühle ein unverzichtbarer Erfahrungsprozess, in dem sie in Beziehungen zu anderen Menschen, ihre eigenen Gefühle und die Gefühle des Gegenüber wahrnehmen und lernen damit umzugehen. Hat ein Kind gelernt, seinen Gefühlen und Handlungen zu trauen, das heißt Ich-Stärke zu entwickeln, ist ein wichtiger Schritt getan, um eine Entwicklung in abhängiges Verhalten zu vermeiden. Wenn das Kind selbst erfahren hat, dass seine Gefühlsäußerungen wahrgenommen, ernstgenommen und adäquat beantwortet wurden, kann es sich besser in andere Menschen hineinversetzen auf ihre Gefühle passend reagieren. Gefühle sind Signale, wie es mir gerade geht oder was ich jetzt benötige (z. B. Trost, Zuneigung). Die Offenheit der Gefühle kann eine Hilfe in schwierigen Situationen sein. Über die Kenntnis der Vielfalt eigener Gefühle lernen die Kinder, mit anderen Menschen einfühlsam zu sein und damit letztlich auch beziehungsfähig zu werden, in der Zuwendung und Abgrenzung. Den eigenen Gefühle trauen heißt auch, Zutrauen zu sich selbst zu haben und sich etwas zu trauen, also Selbstbewusstsein zu haben, ein wichtiger Baustein der präventiven Erziehung. Zu lernen, mit den eigenen und den Gefühlen anderer umzugehen, ist eine wichtige Entwicklungsaufgabe während der Kindergartenzeit: „Das Gelingen stellt für die spätere Alltags- und Lebensbewältigung eine wichtige Voraussetzung dar. In entwicklungspsychologischen Studien hat sich immer wieder gezeigt, dass eine hohe emotionale Kompetenz mit einer positiven sozialen und schulischen Entwicklung einhergeht. Umgekehrt erwies sich eine geringe emotionale Kompetenz als Risikofaktor für die Entwicklung von Verhaltensauffälligkeiten und Suchtverhalten wie z. B. den Tabak- und Alkoholkonsum von Jugendlichen" (Wiedebusch/Petermann, 2004, S. 6).

Zu den emotionalen Schlüsselfertigkeiten gehören (vgl. Wiedebusch/Petermann, 2004, S. 7/Pfeffer, 2004, S. 23):

- eigene Gefühle wahrnehmen und einordnen
- eigene Gefühle mit Mimik, Gestik und Sprache ausdrücken
- mimischer und gestischer Gefühlsausdruck von anderen Menschen erkennen und interpretieren
- Gefühle anderer nachvollziehen und verstehen
- sich in die Gefühle anderer hineinversetzen und ihre Gefühlslage nachvollziehen
- über Gefühle reden
- das innere Erleben und den äußeren Ausdruck von Gefühlen voneinander trennen
- mit negativen Gefühlen und Stress umgehen
- selbst gesteuerte Regulierung von Gefühlen.

Um diese Kompetenzen zu fördern, müssen die ErzieherInnen den Kindern die Möglichkeit eröffnen, im Kindergarten ihre Gefühle zu entdecken, zu erleben und auszuleben. Spielräume für Phantasie, Träume, Kreativität, Erlebnisse usw. sollten hier nachhaltig verankert sein. Eine gezielte Förderung emotionaler Fähigkeiten kann sich auf folgende Bereiche erstrecken (vgl. Helmsen/Petermann, 2008, S. 8f.):

- eigenes Erziehungsverhalten (Gefühlsausdruck und Gefühlsregulierung der Erzieherin,

    Reaktionen der Erzieherin auf die Gefühle des Kindes, Gespräche über Gefühle)

    Für die Herausbildung emotionaler Kompetenz ist ein gefühlsmäßig stimmiger und verlässlicher Kontakt zwischen Erzieherin und Kind wichtig: „Eine positive, sichere Bindung zu Erziehungspersonen ist eine sehr förderliche Grundlage. Denn emotionale Kompetenz bildet sich immer im Rahmen einer emotionalen Beziehung heraus" (Pfeffer, 2004, S. 24).

    Da Kinder stark über Nachahmung lernen, ist das Verhalten der ErzieherInnen in Bezug auf ihren Umgang mit Gefühlen, von großer Bedeutung. Deshalb sollten die Erzieherinnen selbst offen und positiv mit ihren eigenen Gefühlen umgehen, sie entsprechend ausdrücken, aber auch sie reflektieren.

- Aufmerksamkeit für Gefühle im alltäglichen Geschehen

    Die Kinder sollten in Alltagssituationen in ihrer emotionalen Kompetenz unterstützt werden: „Dies geschieht, indem die ErzieherInnen in verschiedenen Situationen bewusst Gefühle ansprechen und erfragen, die Gefühlslage anderer deutlich machen und dadurch die Perspektivenübernahme fördern und gemeinsam mit den Kindern Möglichkeiten für den konstruktiven Umgang mit Gefühlen suchen" (Pfeffer, 2004, S. 27).

- Gefühle über einen längeren Zeitraum thematisieren
  Das Thema „Gefühle" wird über einen bestimmten Zeitraum bearbeitet (z. B. „Meine und deine Gefühle", „Schatzkiste Gefühle" usw.).
- Förderung durch Spiele, Übungen, Lieder und Bilderbücher
  Mit speziellen Aktivitäten kann jeweils ein bestimmter Teilbereich der emotionalen Kompetenz gefördert werden, wie die folgenden Beispiele exemplarisch zeigen.

Gefühlswürfel

Dieses Spiel eignet sich besonders für die Einführung in das Thema „Gefühle" und befasst sich mit den grundlegenden Gefühlen. Ein großer Holzwürfel wird auf jeder Seite mit Gesichtern beklebt, die verschiedene Gefühle (Wut, Angst, Trauer, Freude, Ekel, Überraschung) ausdrücken. Als mögliche Spielvarianten bieten sich beispielsweise an:
- Es wird gewürfelt und die Kinder machen das dargestellte Gefühl nach. Die anderen Kinder sollen das Gefühl erraten.
- Die Kinder stellen das gewürfelte Gefühl mit dem Körper pantomimisch dar (Mimik, Gestik).
- Sie erzählen sich Geschichten zu dem gewürfelten Gefühl.

Kinderlieder

Es gibt eine Reihe von Kinderliedern, mit denen ErzieherInnen das Thema „Gefühle" mit den Kindern aufgreifen und vertiefen können.
Lied von den Gefühlen (Text und Melodie überliefert)

1. Bist du glücklich, ja dann schreie laut hurra, bist du glücklich, ja dann schreie laut hurra,
   bist du glücklich und du weißt es, bist du glücklich, ja dann zeig' es,
   bist du glücklich, ja dann schreie laut hurra!
2. Bist du traurig, ja dann weine ruhig mal, (schluchzen) ...
3. Bist du wütend, ja dann stampfe mit dem Fuß ...
4. Bist du albern, ja dann gacker wie ein Huhn ...
5. Bist du fröhlich, ja dann klatsche in die Hand ...
6. Bist du beleidigt, ja dann mach ein Schmollgesicht ...

Bilderbücher

Erzieherinnen können auch Bilderbücher einsetzen, um mit Kindern über Gefühle zu sprechen (z. B. „Ich komm dich holen" von Tony Ross, 1984; „Meine

Welt der Gefühle" von Hille/Schäfer/Garbert, 2004; „Ein Dino zeigt Gefühle" von Löffel/Manske, 1996; „Das kleine Wutmonster" von Schwarz/Tophoven, 2004; „Jacob der Angstbändiger", von Meyer-Glitza, 1999). Als ein weiteres Beispiel soll das Buch von Ursula Enders und Dorothee Wolters (1996) „Schön und blöd" – Ein Bilderbuch über schöne und blöde Gefühle" kurz vorgestellt werden:

„Schöne Gefühle machen gute Laune. Blöde Gefühle machen schlechte Laune. Jan, Katharina, Till und ihre Freundinnen und Freunde haben lieber schöne als blöde Gefühle. Wenn ihnen jemand blöde Gefühle macht, dann sagen sie Nein! Oft ist es schwer sich allein zu wehren. Dann helfen sie sich gegenseitig."

In diesem Bilderbuch werden positive und negative Gefühle in einzelnen Episoden dargestellt. In Alltagszenen wird den Kindern Verständnis für die eigenen Gefühle, aber auch für die anderer vermittelt. Das Bilderbuch ermutigt Kinder, ihre Gefühle, offen und selbstbewusst zum Ausdruck zu bringen – auch gegenüber Erwachsenen. Es werden Handlungsmöglichkeiten aufgezeigt, wie man auch in Situationen, die blöde Gefühle machen, reagieren kann. Schön und blöd animiert Kinder, über Gefühle zu reden und sich ihrer Gefühle bewusster zu werden.

8.9 Medien

Fernseher, Radio, Video, Computer/Computerspiel, Kassette/CD, DVD, Playstation und Bilderbücher gehören heute für viele Kindergartenkinder zum häuslichen Alltag. Besonders das Fernsehgerät ist das Medium, welches die Kinder in ihrer freien Zeit maßgeblich bindet. Eine große Rolle spielen dabei die Fernsehgewohnheiten und Vorbilder der Eltern und der älteren Geschwister. Dabei ist der häufige Fernsehkonsum der Kinder oft eine Folge mangelnder oder fehlender Zuwendung von Seiten der Eltern:

- Da ist z.B. Katharina, knapp fünf Jahre alt. Sie hat noch zwei kleinere Geschwister, der Vater ist die ganze Woche unterwegs auf Montage. Die Mutter hat der Erzieherin im Kindergarten erzählt, der Fernseher biete für sie eine hilfreiche Unterstützung. Bei drei verhältnismäßig kleinen Kindern sei sie froh, wenigstens nicht noch auf die älteste während der Hausarbeit aufpassen zu müssen.
- Lars (sechs Jahre) sieht fast regelmäßig jeden Tag das Abendprogramm. Auf die Frage der Erzieherin, weshalb und mit wem er täglich so lange vor dem Fernsehapparat sitzt, antwortete er: „Meine Mama geht immer so früh ins Bett, meine Schwester ist nie da und mein Vater und mein Bruder schauen jeden Abend fern. Mit denen schaue ich dann auch immer".

Übermäßiger Fernsehkonsum und unverarbeitete Fernseherlebnisse hinterlassen bei vielen Kindern Spuren. Welche Erzieherin kennt das nicht: Montags, besonders nach regnerischen Sonntagen, sind etliche Kinder oft besonders unruhig und aggressiv. Manche Kinder zeigen wenig Ausdauer und ein geringes Konzentrationsvermögen und können sich deshalb nur kurze Zeit mit einem Spiel beschäftigen.

Die Medienerziehung im Kindergarten sollte sich allgemein an den folgenden Zielsetzungen orientieren:

- Hilfen bei der Verarbeitung von Einflüssen, z. B. beim Fernsehen
  Eine Hilfestellung bei der Verarbeitung, z. B. von Fernseheinflüssen, setzt voraus, dass die Erzieherin einen Teil der Sendungen kennt, die bei den Kindern beliebt sind und sich mit inhaltlichen Aspekten dieser Sendung auseinandersetzt. Zur Verarbeitung von Eindrücken gehört besonders das Gespräch. Die Erzieherin sollte dem Kind Gelegenheit geben, sich durch freies Erzählen vom Erlebnisdruck zu befreien. Sie hat dabei auch die Möglichkeit, falsch oder nur halb Verstandenes zu berichten und das Kind zum Nachdenken anzuregen. Häufig dient auch das Rollenspiel zur Verarbeitung von Fernsehsendung und Videofilmen: „Rollenspiele sind wirklich wichtig. Man merkt, dass die meisten Kinder Konzentrationsschwächen haben, man freut sich, wenn sie mal eine halbe Stunde an einer Sache bleiben. Aber immer wieder spielen sie das, was gerade im Fernsehen läuft, das wird immer wieder ausgespielt. Das ist ganz klar, das steckt ja in einem drin. Aber man muss den Kindern immer wieder die Möglichkeit geben und wenn sie das zwanzigmal spielen wollen, dann muss man sie eben zwanzigmal spielen lassen" (Brückner-Groh, 1989, S. 55).

- Vermittlung von gewissen Kenntnissen durch einen aktiven Umgang mit unterschiedlichen Medien. Dabei sollte das selbständige Planen und Handeln der Kinder im Mittelpunkt stehen. Medienerziehung im Kindergarten bedeutet, die mediengeprägte Lebenssituation der Kinder durch medienbezogenes Handeln, Denken und Fühlen zum Ausdruck zu bringen und aufzugreifen (Rollenspiele, Gespräche). Zusätzlich sollten die Kinder im Kindergarten auch aktiv mit Medien umgehen. Das bezieht sich konkret auf den Gebrauch von Geräten und Medienmaterialien und den spielerischen und kreativen Umgang mit Medien, z. B. Fotografieren, Herstellen eines Bilderbuches, Projekt Trickfilm vom einsamen „Dino Doc" usw.).

- Elternarbeit
  Medienerziehung im Kindergarten bedeutet auch Gelegenheiten zu schaffen, in denen Eltern ihre Einstellung und den Umgang mit den Medien reflektieren können und dabei ein Bewusstsein für die damit zusammenhängenden Probleme schaffen. Für diese Zielsetzung erweisen sich Elterngespräche und Elternabende als günstige Methoden.

9. Suchtprävention in der Grundschule

9.1 Schulgesetz und Verwaltungsvorschrift

Im Schulgesetz des Landes Baden-Württemberg ist in § 1 Absatz der 2 der Erziehungs- und Bildungsauftrag der Schule festgelegt. Hierbei wird darauf hingewiesen, dass die Schule gehalten ist, die Schüler u. a. auch zu Eigenverantwortung sowie zu sozialer Bewährung zu erziehen und sie in der Entfaltung ihrer Persönlichkeit zu fördern. Damit lässt sich ein direkter Bezug zur Suchtprävention herstellen: „Die Erziehung zu Eigenverantwortung umfasst auch eine sinnvolle Gesundheitserziehung, die als allgemeiner pädagogischer Auftrag nicht auf einzelne Fächer beschränkt ist. Der Schüler soll dabei zu der Einstellung hingeführt werden, dass er selbst für seinen Körper und seine Gesundheit die Verantwortung trägt. Die Bedeutung von richtiger Ernährung, Bewegung, Sport und Spiel, kreativen Tätigkeiten im Gegensatz zu übermäßigem Fernsehen und anderer einseitig passiver Unterhaltung sollten ihm bewusst gemacht werden. Auch die Gefahren von Genussmitteln sowie insbesondere von Drogen, Alkohol und Nikotin sollten anschaulich gemacht werden" (Holfelder/Bosse/Reip, 2005, S. 30f.).

In der Verwaltungsvorschrift „Suchtprävention in der Schule" (13.11.2000) wird vom Kultusministerium Baden-Württemberg darauf hingewiesen, dass die Schule neben der Wissensvermittlung eine wichtige erzieherische Aufgabe hat, die das Eingehen auf persönliche Sorgen und Nöte der Schüler erforderlich macht: „Suchtprävention muss deshalb mehr sein als eine Vermittlung bestimmter kognitiver Inhalte. Aufklärung, Information und Bewusstmachung können nur die Basis liefern für den Aufbau von lebensbejahenden Einstellungen und Verhaltensweisen. Diesen emotionalen Zugang zu allem Schönen und Erstrebenswerten dieser Welt Schülerinnen und Schülern zu vermitteln – ohne dabei die Realitäten zu leugnen –, dies ist der eigentliche Kern einer gelungenen suchtvorbeugenden Erziehung. Sinnvolle Freizeitbeschäftigungen in Kunst und Musik, Sport und Spiel, unsere natürliche Umwelt, soziale und gesellschaftliche Aufgaben, um einige Beispiele zu nennen, bieten vielfältige Möglichkeiten, innere Festigkeit und persönliche Stabilität zu erlangen" (Kultus und Unterricht, 2000, S. 329). Somit ist Suchtprävention eine Aufgabe für jede Lehrerin und jeden Lehrer.

Um schulische Vorbeugungsmaßnahmen zu koordinieren und deren Wirksamkeit zu verbessern, wird an jeder allgemein bildenden und beruflichen Schule eine „Lehrerin bzw. ein Lehrer für Informationen zur Suchtprävention" benannt. Diese Lehrkraft hat die folgenden Funktionen zu übernehmen:

1. Sammlung von Informationsmaterialien zur Suchtvorbeugung, wie z. B. Bücher, Zeitschriften, Zeitungen, audiovisuelle Medien, Erlasse, Anschriften von Beratungs- und Therapieeinrichtungen

2. Weitergabe von Informationen, die u. a. bei entsprechenden Fortbildungseinrichtungen und Dienstbesprechungen gesammelt werden und Koordinierung von Maßnahmen der Suchtprävention im Rahmen der Schule
3. Bei Bedarf Herstellung von Verbindungen zu Einrichtungen, die gegebenenfalls beratend oder therapeutisch tätig werden, wie z. B. psychosoziale Beratungs- und ambulante Behandlungsstellen, Gesundheitsamt, Jugend- und Sozialamt (vgl. Kultus und Unterricht, 2000, S. 329).

9.2 Suchtprävention und Kompetenzerwerb

9.2.1 Ganzheitliche Suchtvorbeugung

Eine ganzheitliche Suchtprävention in der Schule berücksichtigt neben dem Erziehungsverhalten auch die schulischen Rahmenbedingungen. Bei der Suchtvorbeugung spielt auch die Vorbildfunktion von Lehrkräften und Eltern im Umgang mit Suchtmitteln eine erhebliche Rolle. Innerhalb der Schule müssen Themen wie z. B. Gestaltung von Schule und Schulleben, die Förderung eines guten Schulklimas, die Pausen- und Pausenhofgestaltung usw. diskutiert und umgesetzt werden.

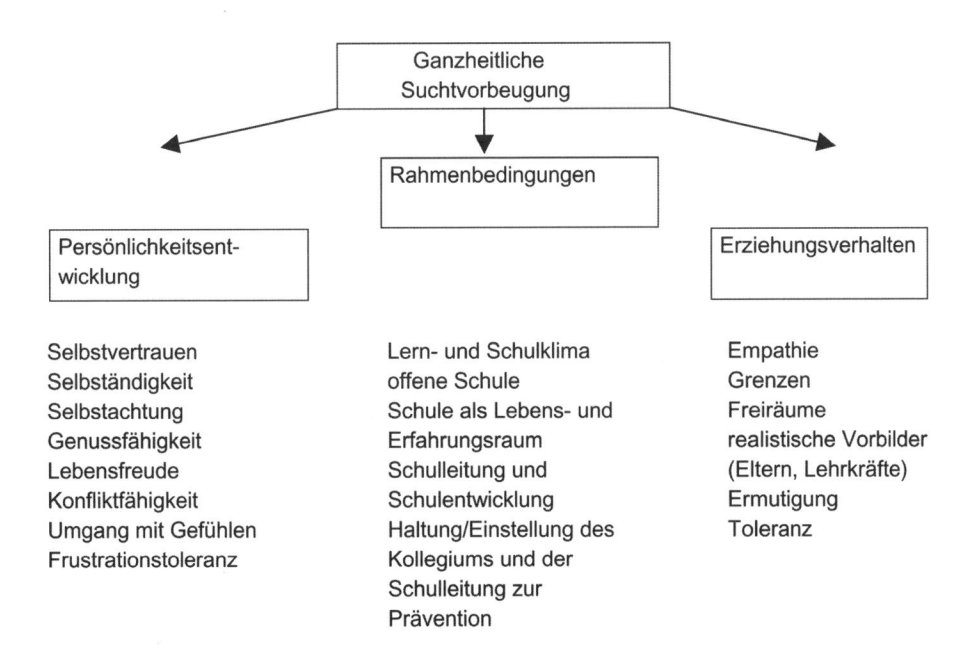

Persönlichkeitsentwicklung	Rahmenbedingungen	Erziehungsverhalten
Selbstvertrauen	Lern- und Schulklima	Empathie
Selbständigkeit	offene Schule	Grenzen
Selbstachtung	Schule als Lebens- und	Freiräume
Genussfähigkeit	Erfahrungsraum	realistische Vorbilder
Lebensfreude	Schulleitung und	(Eltern, Lehrkräfte)
Konfliktfähigkeit	Schulentwicklung	Ermutigung
Umgang mit Gefühlen	Haltung/Einstellung des	Toleranz
Frustrationstoleranz	Kollegiums und der	
	Schulleitung zur	
	Prävention	

Alle drei Bereiche gehen aus von: Ganzheitliche Suchtvorbeugung

Landesinstitut für Erziehung und Unterricht, 1999, S. 27)

9.2.2 Handlungsfelder

Suchtprävention im Rahmen der Schule sollte nicht als Einzelmaßnahme in Form eines einmaligen Projekts erfolgen, sondern sie sollte in die Handlungsfelder einer gesundheitsfördernden Schule integriert sein. Diese Handlungsfelder lassen sich bezogen auf Baden-Württemberg schematisch wie folgt darstellen:

Handlungsfelder der gesundheitsfördernden Schule

Individuelle Förderung, soziale Koedukation fächerübergreifendes Arbeiten, gemeinwesenorientiertes Lehren und Lernen

	Unterricht	Schulleben	Schule und Umfeld	Schule als Begegnungsstätte
Ziele und Intentionen	• Stärkere Berücksichtigung der Lebenssituationen und Lernbedingungen der Schülerinnen und Schüler • Verknüpfung von Fächerprogrammen und außerschulischen Angeboten • Fächerübergreifendes Arbeiten • Kooperatives soziales Lernen • Verbesserung kooperativer Lehrformen	• Stärkung der sozialen Beziehungen der Schülerschaft, Lehrkräfte und Eltern • Schule als Ort politischer Grunderfahrungen • Förderung der Urteils- und Entscheidungsfähigkeit • Konkretisierung des Erziehungsauftrags der Schule	• Verstärkung von Motivationen und Interessen • Förderung der Wahrnehmung des lebensweltlichen Umfeldes • Erschließung neuer Anregungen, Lerngegenstände, Angebote • Vermittlung authentischer Erfahrungen	• Kulturelles, gesellschaftliches Leben in der Schule • Begegnungen mit (inter-)kulturellen, künstlerischen, politischen ... Traditionen und Entwicklungen • Anregungen zur Selbstständigkeit, zu Eigenproduktionen • Verknüpfung außerschulischer Angebote und Aktivitäten mit schulischem Lernen
Bestehende Ansätze dazu	• Schulinterne Lehrpläne • Umfeldorientierte Curricula • Koordinierte Lernfelder • Projektarbeit • Vorhaben zur Erschließung der Lebenswelt • Kooperation der Lehrkräfte • Schulprogramme • Sportprogramme	• Beteiligung von Eltern und Schülerinnen und Schülern an schulischen Entscheidungen und Entwicklungsplanungen • Partizipation der Schülerinnen und Schüler an innerschulischen Regelungen und Entscheidungen • Ausbau des außerunterrichtlichen Schulsports	• Landesprogramme, Talentsuche, Talentförderung, Gesundheitserziehung • Kontakte mit Betrieben, Institutionen, sozialen Gruppen ... • Projekte zur Erforschung der eigenen lebensweltlichen Bedingungen (soziale, historische, ökologische ...) • Wahrnehmung von (inter) kulturellen, politischen, sozialen Möglichkeiten zur „Auseinandersetzung"	• Kontakt zwischen Schulen und Schularten (z. B. schulsportliche Begegnungen) • Schule als Nachbarschaftsschule • Soziale, kulturelle, musische, freizeitorientierte Begegnungsstätte für alle • Schule als Forum für Diskussion über soziale, politische, kulturelle ... Entwicklungen • Schule als Partnerin von Vereinen, Gruppen, Initiativen • Schule als Partnerin von Sportvereinen

(Handlungsfelder und Leitvorstellungen gesundheitsfördernder Schule, aus: Gestaltung des Schullebens und Öffnung von Schule. Projektbeschreibung, Düsseldorf 1988, zit. nach: E. Göpel, Entwicklung von Qualitätsmerkmalen für gesundheitsfördernde Schulen, in: Prävention 3/1993, S. 110)

9.2.3 Suchtpräventive Kompetenzen

Die heutige Präventionsforschung und Präventionsarbeit unterstützt mehrdimensionale Ansätze, bei denen neben Risikofaktoren auch Schutzfaktoren beachtet werden. Man geht dabei davon aus, dass solche Schutzfaktoren bei einer Person mit bestimmten Risikofaktoren die Entwicklung einer Suchterkrankung unwahrscheinlicher machen: „Primärpräventive Ansätze müssen frühzeitig einsetzen, langfristig angelegt sein und kontinuierlich erfolgen. Hierzu gehören z. B. Life-Skills-Programme, welche auf die Förderung von Kompetenzen zur Bewältigung allgemeiner Lebensprobleme und im Umgang mit Suchtmitteln zielen" (Fachverband Sucht, 1999, zit. in: Landesinstitut für Erziehung und Unterricht, 2004, S. 11). Um möglichen späteren Risiken entgegenwirken zu können, liegt der Schwerpunkt der schulischen Suchtprävention auf der Ausbildung von Schutzfaktoren. Das bedeutet, dass die Kinder in ihrer personalen und sozialen Handlungskompetenz gefördert werden sollen. Gleichzeitig hat die Schule den Auftrag die Gesundheit der Schüler zu fördern. Suchtprävention hat dann besonders Erfolg, „wenn sie interaktiv, intensiv und kontinuierlich angelegt ist" (Regierungspräsidium Stuttgart, 2009, S. 46). Die aus den von der WHO definierten „Life Skills" abgeleiteten, im Folgenden beschriebenen Kompetenzen sind für die Suchtvorbeugung in der Schule von besonderer Wichtigkeit.

Erwerb von Wissen über Sucht und Suchtmittel und Suchtprävention als Förderung personaler und sozialer Handlungskompetenz

1. Wissen erwerben und anwenden

   Informationen und Erfahrungen (z .B. über Sucht und Suchtmittel) objektiv analysieren und daraus mögliche Konsequenzen für die eigene Lebensführung erwerben.

2. Genuss- und Erlebnisfähigkeit

   Genießen und bewusst erleben, Gefühle wahrnehmen und ausleben können, statt sich destruktiv und unreflektiert auszuagieren, „sich zuzuschütten" und „reinzufressen".

3. Kritik und Selbstkritik

   Die Fähigkeit und Bereitschaft, konstruktive Kritik im Sinne eines Lern- und Entwicklungsprozesses zu nutzen.

4. Fähigkeit, Entscheidungen zu treffen und gegebenenfalls „nein" zu sagen

5. Fähigkeit und Bereitschaft, Verantwortung zu übernehmen, selbständig und aktiv zu gestalten statt „mit sich machen zu lassen" und im Konsumverhalten „stecken zu bleiben"

6. Fähigkeit, mit Anforderungen, Herausforderungen, Leistungsdruck und Stress umzugehen

   Den Alltag zu bewältigen, statt sich ständig überfordert und den täglichen Belastungen nicht gewachsen zu fühlen.

7. Kommunikations- und Kontaktfähigkeit

Das eigene Erleben und Empfinden mitteilen und seine sensiblen Seiten zeigen, zuhören und verstehen können, sich öffnen können, statt sich „zuzumachen".

8. Sensibilität für den eigenen Körper

    Dessen Belastungsgrenzen erkennen und das Empfinden dafür, „was meinem Körper objektiv gut tut" entwickeln, statt unreflektiert vorgegebenen Leistungsstandards, „Idealbildern" und Beeinflussungen durch z. B. Werbung zu folgen

9. Fähigkeit, mit Konflikten, Frustration und Aggressionen umzugehen

    Sich Konflikten stellen, sie angehen zu können und nach angemessenen Konfliktlösungen suchen, statt vor Konflikten auszuweichen, durch Mittel/Substanzen als „Fruststopper" zu verdrängen oder Aggressionen gegen sich selbst oder andere zu richten

10. Empathie entwickeln

    Sich in die Gedanken, Gefühle und das Weltbild von anderen hineinversetzen können, statt alles nur aus der eigenen Perspektive zu sehen oder zu interpretieren (Regierungspräsidium Stuttgart, 2010, S. 11).

Nach einer Definition der Weltgesundheitsorganisation besitzt diejenige Person Lebenskompetenz, die sich selbst kennt und mag, empathisch ist, kritisch und kreativ denkt, durchdachte Entscheidungen trifft, sich verbal ausdrücken kann und kontaktfähig ist, erfolgreich Probleme löst und Gefühle und Stress bewältigen kann (vgl. Regierungspräsidium Stuttgart, 2009, S. 47). Das Üben und der Erwerb solcher Fähigkeiten basiert auf den sogenannten Life-Skills-Modellen.

Das nachfolgende Schaubild stellt die verschiedenen Kompetenzen im Zusammenhang mit den dafür nötigen speziellen Lernprozessen dar.

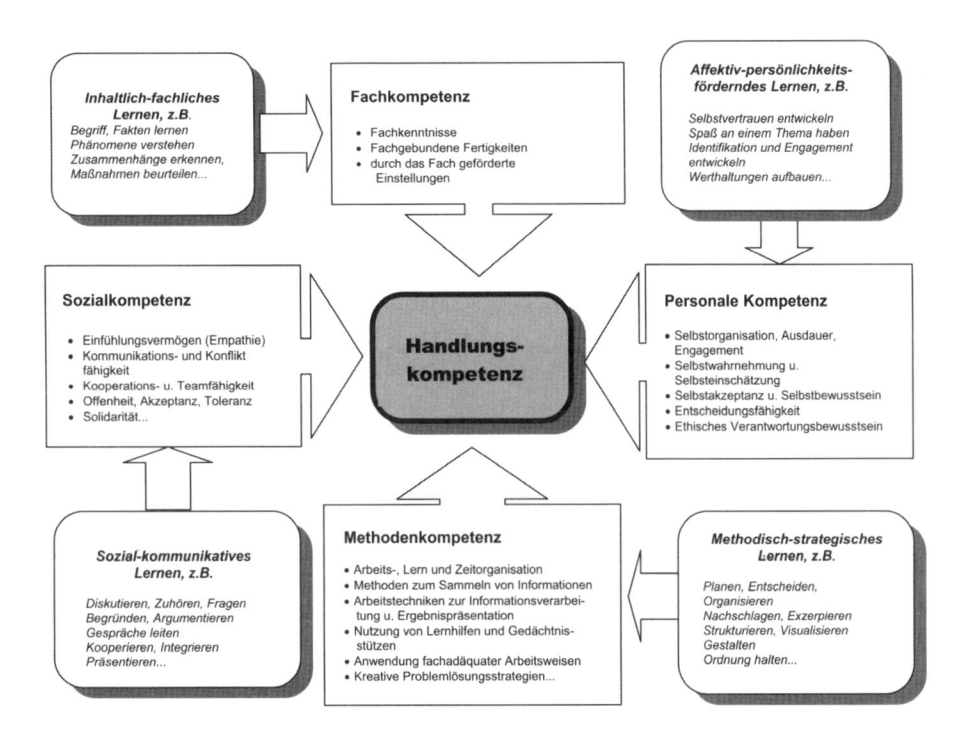

Suchtprävention in der Grundschule

Inhaltlich-fachliches Lernen, z.B.
Begriff, Fakten lernen
Phänomene verstehen
Zusammenhänge erkennen,
Maßnahmen beurteilen...

Fachkompetenz
- Fachkenntnisse
- Fachgebundene Fertigkeiten
- durch das Fach geförderte Einstellungen

Affektiv-persönlichkeits-förderndes Lernen, z.B.
Selbstvertrauen entwickeln
Spaß an einem Thema haben
Identifikation und Engagement entwickeln
Werthaltungen aufbauen...

Sozialkompetenz
- Einfühlungsvermögen (Empathie)
- Kommunikations- und Konfliktfähigkeit
- Kooperations- u. Teamfähigkeit
- Offenheit, Akzeptanz, Toleranz
- Solidarität...

Handlungskompetenz

Personale Kompetenz
- Selbstorganisation, Ausdauer, Engagement
- Selbstwahrnehmung u. Selbsteinschätzung
- Selbstakzeptanz u. Selbstbewusstsein
- Entscheidungsfähigkeit
- Ethisches Verantwortungsbewusstsein

Sozial-kommunikatives Lernen, z.B.
Diskutieren, Zuhören, Fragen
Begründen, Argumentieren
Gespräche leiten
Kooperieren, Integrieren
Präsentieren...

Methodenkompetenz
- Arbeits-, Lern und Zeitorganisation
- Methoden zum Sammeln von Informationen
- Arbeitstechniken zur Informationsverarbeitung u. Ergebnispräsentation
- Nutzung von Lernhilfen und Gedächtnisstützen
- Anwendung fachadäquater Arbeitsweisen
- Kreative Problemlösungsstrategien

Methodisch-strategisches Lernen, z.B.
Planen, Entscheiden,
Organisieren
Nachschlagen, Exzerpieren
Strukturieren, Visualisieren
Gestalten
Ordnung halten...

(Entwurf E. Reinert unter Verwendung von H. Klippert (1994) und H. Paul (1998) aus: E. Reinert/ K. Zimmermann: Methodenkompetenz im Unterricht?!, in: Schule im Blickpunkt 1999/2000, Heft 6, S. 20)

9.3 Geschlechtsspezifische Suchtprävention

Die Entwicklung von Geschlechtsidentität beruht auf einem komplexen und bis heute umstrittenen Zusammenhang von biologischen, psychischen und sozialen Faktoren. Angesichts der Wichtigkeit von biologischen und sozialen Aspekten werden beide Bereiche mit den englischen Begriffen „sex" und „gender" unterschieden. „Sex" bezieht sich auf biologisch deterministiniert Merkmale (wie z.B. Hormonhaushalt), die Männer und Frauen voneinander unterscheiden. Mit „Gender" werden gesellschaftlich und kulturell vermittelte Geschlechtsbilder (gelernte geschlechtsbezogene Verhaltensweisen, psychische Eigenschaften, Erwartungen) bezeichnet, die die Gesellschaft an Jungen und Mädchen heranträgt: „Diese Zuschreibungen sind geschlechtsspezifisch ausgeprägt, d.h. es existieren für Frauen und Männer verschiedene kulturelle Bilder. Diese beeinflussen die Menschen bewusst wie unbewusst ein Leben lang und führen dazu, dass wir uns – unabhängig von den biologischen Geschlechtsunterschieden – als Frauen und Männer unterschiedlich verhalten und vor allem, dass wir meistens wissen, wie wir uns als Frauen bzw. als Männer verhalten sollen" (Behnisch, 2007, S. 47).

Geschlechtsidentität entwickelt sich bereits ab der Geburt, wenn Eltern dem Neugeborenen spezielle Erwartungen entgegenbringen und sie sich Jungen und Mädchen gegenüber unterschiedlich verhalten (unterschiedliche Kleidung, Spielsachen und Kommunikation, geschlechtsspezifischer Umgang mit kindlichen Emotionen usw.): „Eltern beeinflussen tatsächlich die Rollenzuweisung in Spiel und Haltung ihrer Kinder, aber viele Forscher glauben inzwischen, dass Altersgenossen und die Gesellschaft insgesamt mehr Gewicht haben" (Gilbert, 2004, S. 113). Der Abschnitt zwischen dem dritten und sechsten Lebensjahr hat für die Entwicklung der Geschlechtsidentität eine besondere Bedeutung, denn die Kinder erkennen, dass sie selbst ein Junge oder ein Mädchen sind. Die Kinder lernen ausschlaggebende Eigenschaften und die Ausdifferenzierung ihrer Geschlechtscharaktere hauptsächlich durch Beobachten, Nachahmen und Abgrenzen, „Prozesse, deren Ergebnisse schließlich im geschlechtlichen Selbst des jeweiligen Kindes verankert werden" (Baacke, 1999, S. 213). Nach einer in den ersten sechs Jahren erfolgten Grundlage der Geschlechtsidentität wird sie in den folgenden Jahren weitgehend gefestigt: „Nach dem Schuleintritt wird geschlechtsspezifisches Verhalten zunehmend als verbindlich anerkannt und verinnerlicht. Dementsprechend festigt sich die Geschlechtsrolle mehr und mehr. Sie wird zum Bestandteil des kindlichen Bewusstseins und umfasst schließlich alle Bereiche des Verhaltens und Erlebens" (Nickel/Schmidt-Denter, 1995, S. 180).

Auch beim Suchtverhalten zeigen sich geschlechtsspezifische Unterschiede. Mädchen und Frauen leiden stärker unter Essstörungen und Medikamentenmissbrauch („stille Süchte"). Dieses Suchtverhalten vollzieht sich mehr versteckt zu Hause und wird im öffentlichen Raum kaum wahrgenommen: „Für die Umwelt funktionieren die Mädchen und Frauen scheinbar erwartungsgemäß weiter und bedürfen deshalb zunächst keiner besonderen Zuwendung. Mädchen lernen dabei sehr früh, sich zurückzunehmen, nachzugeben, „sich dünn zu machen", vernünftig und fürsorglich zu handeln. Zudem unterliegen sie stärker als Jungen den Schlankheitsidealen der Mode und Werbung" (Regierungspräsidium Stuttgart, 2009, S. 56).

Jungen und Männer konsumieren eher Suchtmittel, die expressives und nach außen gerichtetes Verhalten unterstützen (z.B. Alkohol). Bei übermäßigem Alkoholkonsum und nach der Einnahme von illegalen Drogen tritt öfters auch kriminelles Verhalten (z.B. Gewalt) auf und wird somit in der Gesellschaft stärker auffällig. Beeinflusst von den unterschiedlichen Rollenerwartungen entwickeln bereits früh Mädchen und Jungen unterschiedliches Verhalten bei der Lösung und Bewältigung ihrer Alltagsprobleme. Folglich verhalten sich Mädchen und Jungen, Frauen und Männer häufig bei der Entstehung einer Sucht gemäß den geschlechtsspezifischen Rollenmustern. Für eine effektive Suchtprävention ist es deshalb wichtig, die geschlechtsspezifischen Entwicklungs-, Sozialisations- und Lebensbedingungen mit einzubeziehen.

Mädchenspezifische Suchtprävention

Sie zielt darauf hin, dass sich Mädchen mehr zutrauen und trauen. Mädchen sollen lernen Aufgaben zu erledigen, die normalerweise eher Jungen zugetraut werden. Im Mittelpunkt entsprechender Ansätze und Projekte steht die Förderung von Selbstbewusstsein und Selbstvertrauen der Mädchen. Im Schulalltag bedeutet dies (vgl. Regierungspräsidium Stuttgart, 2009, S. 57):

- Mädchen in ihrem selbständigen Denken und Handeln zu stärken
- (Frei-)Räume für Mädchen zu schaffen
- Mädchen zu unterstützen, ihre Interessen und Bedürfnisse zu artikulieren und sich gegen die Dominanz der Jungen zu wehren
- Mädchen zu helfen, ihre Aggressionen nicht nach innen zu richten
- Mädchen bei der Entwicklung eines positiven Körpergefühls zu unterstützen.

Jungenspezifische Suchtprävention

Ein Ansatz jungenspezifischer Suchtvorbeugung geht davon aus, Jungen von den Überforderungen durch die an sie herangetragenen Rollenerwartungen („stark sein", „überlegen sein" usw.) sowie von den damit verbundenen Ängsten zu befreien. Im Schulalltag bedeutet dies (vgl. Kultusministerium Baden-Württemberg, 1996, S. 19):

- Jungen lernen, über ihre Schwächen, Ängste und Gefühle zu sprechen
- Jungen brauchen keine „Machos" zu sein
- Jungen lernen, mit ihrem Körper umzugehen (Sie bauen ihre Identität nicht mehr ausschließlich über ihre körperliche „Manneskraft" auf.)
- Jungen erfahren Zärtlichkeit.

Jungen und Mädchen eignen sich aufgrund unterschiedlicher körperlicher Dispositionen und Lebensbedingungen unterschiedliche Bewältigungsmuster und Lösungsstrategien hinsichtlich ihrer entwicklungsgemäßen und biografischen Herausforderungen an. Deshalb betont ein anderer Ansatz eine nichtdefizitorientierte geschlechtsbezogene pädagogische Arbeit von erwachsenen Männern mit Jungen als geschlechtsspezifische Suchtprävention (vgl. Regierungspräsidium Stuttgart, 2009, S. 58).

Gegenwärtige jungenspezifische Primärprävention setzt nicht so sehr bei den Defiziten an, sondern konzentriert sich mehr auf das Gelingende und die möglichen Entwicklungspotenziale von Jungen. Bereiche, in denen mit Jungen gearbeitet werden kann, sind z. B.:

- „Körperlichkeit, Bewegungsbedürfnis und Raumaneignung" von Jungen als Kompetenz wahrnehmen; Prinzip „Aktivität vor Reflexion", z. B. das Thema „konstruktives Streiten", „fairer Kampf"

- Auf das Gelingende aufbauen – Jungen begleiten heißt: fördern, unterstützen und motivieren, nicht so sehr begrenzen, reglementieren und kontrollieren
- Die Balance-Fähigkeiten von Jungen wahrnehmen, stabilisieren und weiterentwickeln, weil die Lebensphase Jugendalter bei Jungen auch von Verwerfungen, Brüchen und Absturzgefahren geprägt sein kann, so dass die Grenze zwischen stimulierendem Genuss und kompensierendem Missbrauch verschwimmt. Dies allein ist noch nicht problematisch, wenn es den Jungen mittelfristig gelingt, wieder in die Balance zu kommen.
- Anerkennung der Schutz-, Abgrenzungs- und Verteidigungsbedürfnisse von Jungen im Rahmen positiver Selbstbehauptung; auf Jungen bezogen nicht in erster Linie Tat- und Täterprävention
- Einen auch sinnlich-körperlich wahrnehmbaren Orientierungsrahmen anbieten, der Regeln nicht nur kognitiv oder moralisch vermittelt" (Regierungspräsidium Stuttgart, 2009, S. 58).

In der Grundschule ist die Durchführung einer jungenspezifischen Suchtprävention, die von Männern geleistet werden soll, aufgrund der Überrepräsentation von Frauen als Lehrerinnen selten möglich. Diese Situation führt zu einer eher koedukativen Suchtprävention, in der aber ansatzweise auch geschlechtshomogene Teile möglich sein sollten.

9.4 Anregungen für die suchtpräventive Arbeit in der Grundschule

9.4.1 Lebenskompetenzprogramme im Überblick

Die heutigen Präventionsansätze begünstigen mehrdimensionale Modelle, bei denen neben Risikofaktoren auch Schutzfaktoren als essentielle Grundlagen herangezogen werden. Schutzfaktoren machen es wahrscheinlicher, dass eine Person unter bestimmten Risikobedingungen, eine bestimmte Suchterkrankung nicht entwickelt: „Primärpräventive Ansätze müssen frühzeitig einsetzen, langfristig angelegt sein und kontinuierlich erfolgen.
Hierzu gehören z. B. Life-Skills-Programme, welche auf die Förderung von Kompetenzen zur Bewältigung allgemeiner Lebensprobleme und im Umgang mit Suchtmitteln zielen" (Landesinstitut für Erziehung und Unterricht, 2004, S. 11). In internationalen und besonders in amerikanischen Wirksamkeitsstudien haben sich die Lebenskompetenzprogramme oder life-skills-trainings als erfolgreichster Ansatz in der Prävention herausgestellt (vgl. Landesinstitut für Erziehung und Unterricht, 2004, S. 21). Das Gemeinsame aller Programme ist die Ausbildung von Schutzfaktoren, die bei Kindern und Jugendlichen die Wahrscheinlichkeit eines späteren Suchtverhaltens verringert. Die wichtigsten Programme werden im Folgenden vorgestellt.

9.4.1.1 Klasse 2000

Die Konzeption von Klasse 2000 wurde 1991 am Institut für Präventive Pneumologie des Klinikums Nürnberg entwickelt. Klasse 2000 ist in Deutschland ein weit verbreitetes und wachstumsstarkes Unterrichtsprogramm zur Gesundheitsförderung und Suchtvorbeugung in der Grundschule. Es geht von der Voraussetzung aus, dass eine breit ausgerichtete Förderung der Persönlichkeit und der Lebenskompetenzen die beste Prophylaxe aller möglichen Formen süchtigen Verhaltens darstellt. Ab der 1. Klasse begleitet es die Grundschüler bis zur 4. Klasse.

Die Lehrer bekommen neben detaillierten Unterrichtsentwürfen die meisten benötigten Materialien in Klassenstärke (z. B. Hefte, Arbeitsblätter, Plakate, Bastelmaterial usw.). In Kooperation mit einem „Gesundheitsförderer" (z. B. Fachleute von Gesundheitsämtern), der in der Regel die Klasse vier Jahre begleitet, wird das Programm durchgeführt. Finanziert wird das Programm meist durch Spenden über Patenschaften (z. B. Eltern, Firmen, Krankenkassen, Lion Clubs, Rotary Clubs).

Im Einzelnen strebt das Klasse 2000-Programm die folgenden Ziele an:

- Förderung der bewussten und akzeptierenden Körperwahrnehmung und Entwicklung einer positiven Einstellung zur Gesundheit
- Stärkung des Selbstwertgefühls und der sozialen Kompetenz
- Kritischer Umgang mit Genussmitteln und Alltagsdrogen
- Einbeziehung der Eltern
- Erfahrung der Selbstwirksamkeit (Beitrag zur Verbesserung des schulischen Umfeldes).

Das Programm ist so konzipiert, dass neue Themen in der Regel von den „Gesundheitsförderern" eingeführt und danach von den Lehrkräften wiederholt und vertieft werden. Der dabei entstehende „Auffrischungseffekt" soll die schulische Gesundheitsförderung intensivieren.

1. Jahrgangsstufe

Stunden durch den / die Gesundheitsförderer(förderin)

1. Stunde:
KLARO stellt sich vor
- KLARO und Klasse2000 kennen lernen
- Bedeutung der Atmung für das Leben
- Bewegungsgeschichte mit KLARO

2. Stunde:
Der Weg der Luft
- der Weg der Luft und des Sauerstoffs durch den Körper
- Stationenspiel zum Weg der Luft
- tiefes Atmen mit dem KLARO-Atem-Trainer üben

Stunden durch den /die Lehrer(in) ca. 10

- KLARO stellt sich in einer Bildergeschichte vor und findet mit den Kindern heraus warum wir atmen und wie der Weg der Luft ist
- KLARO basteln
- Experimente zur Luft
- regelmäßige Entspannungs- und Bewegungsübungen
- Klasse2000-Fest

Verwendetes Material

- pro Klasse ein KLARO-Poster
- pro Kind eine Unterrichtsmappe u.a. mit Textheft, einem Elternbrief, Luftballons
- pro Kind eine Elternzeitung
- pro Kind Bastelmaterial für einen KLARO
- pro Kind ein KLARO-Atem-Trainer
- pro Klasse je ein Poster zur Bewegungsgeschichte und zum Weg der Luft
- pro Klasse vier Stationen-Plakate zum Weg der Luft
- pro Klasse eine CD mit Musik zur Entspannung und Bewegung

2. Jahrgangsstufe

Stunden durch den / die Gesundheitsförderer(förderin)

1. Stunde:
Atmung und Bewegung: Übungen mit dem Schwungtuch (Turnhalle)
- Wiederholung der Atmung anhand des Lungenspiels (Erkennen des Zusammenhangs zwischen Atmung und Bewegung
- Freude an aktiver Bewegung
- Kooperationsspiele

2. Stunde:
Der Weg der Nahrung
- Kennenlernen der Verdauungsorgane und ihrer Funktionen
- Massagespiel: Der Weg der Nahrung

3. Stunde:
"Die wichtigste Säule der Welt": Übungen mit dem Erbsensäckchen (Turnhalle)
- die Wirbelsäule kennen lernen
- rückenfreundliche Spiele und Übungen mit dem Erbsensäckchen
- Entspannungsübung mit dem Erbsensäckchen und Musik

Stunden durch den /die Lehrer(in) ca. 10

- Schülerheft "KLARO verreist":
- Erfahrungen mit Luft
- umweltbewusstes Verhalten (bewusste Wahrnehmung von Natur, Umgang mit Abfällen)
- die 5 Sinne
- Gesunde Ernährung:
- die Ernährungspyramide
- gemeinsames Frühstück
- Bewegung und Entspannung

Verwendetes Material

- pro Schüler eine Unterrichtsmappe mit dem Textheft, einem Elternbrief, Aufklebern
- großes Schwungtuch
- pro Klasse ein Poster Weg der Nahrung
- pro Kind ein Haftfolienpuzzle zum Weg der Nahrung
- pro Klasse 5 Stationen-Plakate zum Weg der Nahrung
- pro Klasse ein Poster Wirbelsäule
- Erbsensäckchen

(Landesinstitut für Erziehung und Unterricht Stuttgart, 2004, S. 28)

Suchtprävention in der Grundschule

3. Jahrgangsstufe

Stunden durch den / die Gesundheitsförderer(förderin)

1. Stunde:
Herz und Blutkreislauf
- Einblick in die Funktion des Herzens und des Blutkreislaufs
- Körpererfahrung mit Stethoskopen
- Puls ertasten - Messung in Ruhe und nach Bewegung

2. Stunde:
Eine Schule zum Wohlfühlen
- Moderierte Gruppenarbeit: Die Schüler erarbeiten Verbesserungsvorschläge für ihre Schule zum Wohlfühlen.

Stunden durch den /die Lehrer(in) ca. 10

- Arbeit mit dem Textheft : "Ich und die Anderen"
- Partnerinterview anhand des Fragebogens: Wer bist du?
- allg. Übungen und Spiele zum sozialen Lernen
- Erkennen der eigenen Stärken und Schwächen
- Umgang mit Gefühlen (vor allem Wut)
- Konflikte lösen

Verwendetes Material

- pro Schüler eine Unterrichtsmappe mit einem Elternbrief, dem Textheft: und dem Klasse2000-Spiel
- pro Klasse ein Poster Zum Weg des Blutes
- Stethoskope
- pro Klasse ein Plakat und Moderationskarten

4. Jahrgangsstufe

Stunden durch den / die Gesundheitsförderer(förderin)

1. Stunde:
Glück und Werbung
- Werbebotschaften durchschauen (u.a. Zigarettenwerbung)
- hinterfragen, ob Produkte glücklich machen
- sammeln: Was brauche ich zum Glücklichsein?

2. Stunde:
Fit fürs Leben. Wir bleiben dabei!
- Resümee und Abschluss des Klasse2000-Programms
- Einüben eines Klassenliedes
- Urkunde von KLARO
- Button zum Selbstgestalten

Stunden durch den /die Lehrer(in) ca. 10

- für ein gesundes Leben werben
- Cool sein ohne Alkohol und Zigaretten
- Textheft: KLARO in Gefahr
- Gruppendruck erkennen
- Rollenspiele: "Nein" sagen in Gruppendrucksituationen
- Zigaretten und Alkohol ablehnen

Verwendetes Material

- pro Schüler eine Unterrichtsmappe u.a. mit einem Textheft und einem Elternbrief
- pro Schüler ein Button zum Selbstgestalten
- pro Schüler eine Urkunde
- Poster und Folien mit Werbebildern

(Landesinstitut für Erziehung und Unterricht Stuttgart, 2004, S. 29)

Der Ablauf eines Schuljahres gestaltet sich folgendermaßen (vgl. Landesinstitut für Erziehung und Unterricht Stuttgart, 2004, S. 30):

Eine Teilnahme an Klasse 2000 setzt die verbindliche Anmeldung der Klassen durch die Schule und die schriftliche Erklärung des Paten für die Übernahme der Patenschaft voraus. Beides muss immer für neu beginnende 1. Klassen vor dem Projektstart vorliegen.

Zu Beginn des Schuljahres (1. Klasse: 2. Halbjahr) werden die Unterrichtsmaterialien an die Schule verschickt. Jedes Kind erhält eine Unterrichtsmappe, die Lehrkraft zusätzlich Unterrichtsvorschläge für die Gestaltung der Stunden. Die Unterrichtsvorschläge enthalten bis zu 15 Unterrichtseinheiten.

Pro Schuljahr werden drei Unterrichtseinheiten von den Gesundheitsförderern bei Anwesenheit der Lehrkraft durchgeführt.

In der 1. und 3. Klasse treffen sich die Gesundheitsförderer und Lehrer einer Schule zu einem Vorgespräch, um den Verlauf des Programms inhaltlich und terminlich zu planen.

Im Wechsel zwischen Gesundheitsförderer und Lehrer wird das Programm durchgeführt.

9.4.1.2 Fit und stark fürs Leben

Das Programm „Fit und Stark für das Leben" ist auf die frühzeitige und kontinuierliche Förderung der psychosozialen Kompetenzen von Kindern sowie die Primärprävention des Rauchens ausgerichtet. Das Curriculum besteht aus drei aufeinander aufbauenden Unterrichtseinheiten für die Klassenstufen 1–2, 3–4 und 5–6. Aufgrund der Förderung ab der 1. Klasse sollen die Kinder schon früh in ihrer psychosozialen Kompetenz gestärkt und mit positiven Strategien vertraut werden, die sie zur Bewältigung bevorstehender Herausforderungen (z.B. Umgang mit Suchtmitteln) brauchen. Dieses Programm erstreckt sich auf die nachfolgend genannten Lebenskompetenzbereiche:

1. Selbstwahrnehmung und Einfühlungsvermögen
2. Umgang mit Stress und negativen Emotionen
3. Kommunikation
4. Kritisches Denken und Standfestigkeit
5. Problemlösen
6. Information und gesundheitsrelevantes Wissen

Um eine praxisgerechte Umsetzung zu erleichtern und zur Festigung eines wiederkehrenden Rituals hat jeder Unterrichtsabschnitt einen einheitlichen Ablauf:

1. Eröffnung (z.B. Lieder, Aufwärmspiele)
2. Hausaufgabenbesprechung (z.B. Selbstbeobachtungsaufgaben)
3. Entspannungsteil (z.B. Phantasiereisen, Atemübungen)
4. Hauptthema (Schwerpunkt: Handlungsorientierte Einübung der Inhalte)
5. Gemeinsamer Abschluss

9.4.1.3 Eigenständig werden

Das Programm „Eigenständig werden" zielt auf Persönlichkeitsentwicklung, Gesundheitsförderung, Förderung der Lebenskompetenzen und der Sucht- und Gewaltprävention in der Schule. Hauptsächlich sollen soziale und persönliche Fertigkeiten der Kinder gefördert werden. Das Unterrichtsprogramm enthält insgesamt 65 Unterrichtseinheiten für Kinder der 1. bis zur 6. Klasse. Dieser spezielle Unterricht wird durch die in der Klasse unterrichtende Lehrkraft durchgeführt, wofür sie in einer Fortbildung eingeführt wurde. Die insgesamt 42 Unterrichtseinheiten zu den verschiedenen Bereichen der Persönlichkeitsförderung sind für die Klassenstufen 1 bis 4 auf drei Ebenen angeordnet:

1. Ich: Förderung der Selbstwahrnehmung und der Selbständigkeit des Kindes sowie allmähliche Übernahme von Verantwortung für sich und seine Gesundheit
2. Ich und die anderen: Förderung des Zusammenhaltes in der Klasse und der Beziehungen der Kinder untereinander, Bewältigung von Konflikten (z. B. Gruppendruck), Umgang mit dem Problem der Ausgrenzung
3. Ich und meine Umwelt: Übernahme von Verantwortung für die Umwelt sowie die Sicherheit und Gesundheit von anderen.

Die Themenbereiche des Unterrichtsprogramms sind relativ unabhängig voneinander und lassen sich sinnvoll in den Schulalltag übertragen. Für jede Unterrichtseinheit gibt es ein Unterrichtsblatt, das folgendermaßen aufgebaut ist: Hintergrund / Ziele / Wortschatz (nur 1. bis 4. Klasse) / Material und Vorbereitung / Überblick / Einstieg / Aktivitäten / Abschluss / Hausaufgabe / Weitere Anregungen. Das folgende Beispiel zeigt ein Unterrichtsblatt für die Klasse 1 zum Thema „Konstruktiver Umgang mit Problemen".

Was soll ich nur machen?

Hintergrund

Ungelöste Probleme können zu Stress und den damit verbundenen gesundheitlichen Belastungen führen. Das Anliegen dieser Unterrichtseinheit ist, den Kindern einen konstruktiven Umgang mit Problemen aufzuzeigen. Dabei steht in dieser Einführung des Problemlöseschemas im Vordergrund, dass die Kinder ein Problem als solches erkennen und ein Gefühl dafür entwickeln, dass es zunächst wichtig ist, kreativ nach Lösungen zu suchen. Dabei dürfen auch die verrücktesten Ideen genannt werden. Es ist wichtig, dass diese Lösungsideen der Kinder nicht bewertet werden. Zwar sollen sich die Kinder am Ende für eine Lösung entscheiden, aber dieser Schritt wird erst in einer aufbauenden Einheit (3./4. Klasse: „Jetzt weiß ich weiter") verfeinert. Dort steht die Bewertung der verschiedenen Lösungen sowie die Bewertung der Durchführung der gewählten Lösung im Mittelpunkt.
Diese Einheit dient als Vorlage für einen Prozess, der mit den Kindern oftmals wiederholt werden sollte. Alltägliche Probleme im Schulalltag können aufgegriffen und angegangen werden. Für weitere Anregungen siehe auch „Arbeitshilfe: Problemlösen".

Ziele

Die Kinder sollen

▶ ein Problem erkennen und benennen;

▶ wissen, dass sie zuerst nachdenken müssen, wenn sie nicht weiter wissen;

▶ erkennen, dass jedes Problem mehrere Lösungen haben kann;

▶ lernen, möglichst viele verschiedene kreative Lösungen für ein Problem zu suchen.

Material

- Handpuppe Cätja
- Bildkarten: „Stop!", „Nachdenken", „Lösungen suchen"
- Hausaufgabenblatt für jedes Kind

Vorbereitung

- Cätja bereithalten
- Bildkarten zurechtlegen (A1-3)
- Hausaufgabenblatt kopieren (A4)

Überblick

Einstieg
Cätja weiß nicht weiter

Aktivitäten
▶ Stop!
▶ Nachdenken
▶ Lösungen suchen

Abschluss
Entscheidung für eine Lösung

Hausaufgabe
Was ich tun kann, wenn ich nicht weiter weiß

(Landesinstitut für Erziehung und Unterricht Stuttgart, 2004, S. 45)

Für dieses Programm werden verschiedene Figuren verwendet, die den Kinder als „Begleiter" dienen: „Ihnen werden spielerisch wichtige Inhalte vermittelt, die sie auf ein gesundes und ausgewogenes Leben vorbereiten. Die Figuren agieren als Identifikationsmodelle, die den Kindern das angestrebte Verhalten vormachen. Bereits gelernte Inhalte können durch Wiedererkennen dieser Figuren aufgefrischt werden" (Landesinstitut für Erziehung und Unterricht Stuttgart, 2004, S. 46).

9.4.1.4 Echt stark

Das Projekt „Echt Stark" wird seit 2002 im Landkreis Heilbronn für dritte Grundschulklassen angeboten. Das Programm entstand durch die Zusammenarbeit der Polizeidirektion Heilbronn -FEST- Kriminalprävention, Pfiffigunde e. V. Beratung und Hilfe bei sexuellem Missbrauch, der Psychosozialen Beratungs- und ambulanten Behandlungsstelle für Suchterkrankungen der Caritas Heilbronn-Hohenlohe und der Koordinationsstelle für Suchtfragen für Stadt und Landkreis Heilbronn beim Städtischen Gesundheitsamt. Für die inhaltliche Umsetzung sind die folgenden Bausteine wichtig:

- Einführungsgespräch für alle am Projekt beteiligten Lehrkräfte und der Schulleitung
- Vorausgehender Elternabend
- Fünf Einheiten zu je einer Doppelstunde:
  1. Wer sind wir – wer seid ihr? (Kennenlernen und Vertrauensbildung)
  2. Gemeinsam sind wir stark (Problemlösungen in der Gruppe)
  3. Eine Zauberstunde gegen Kloß im Hals und Stein im Bauch (Gefühle, Geheimnisse, Hilfe holen)
  4. Gut gebrüllt Löwe! (Körperbewusstsein, Grenzen setzen, „Nein" sagen können)
  5. Erwerb des „Echt Stark – Diploms"
- Auswertungsgespräch aller am Projekt beteiligten Personen (LehrerInnen, Schulleitung)

9.4.1.5 Kinder stark machen

Dieses Programm wird für SchülerInnen der 2. bis 4. Klassen, deren Eltern und Lehrkräfte in Pforzheim und im Enzkreis angeboten. Es besteht aus den Bausteinen: Vorstellung des Projektes im Lehrerkollegium, Elternabend, Workshops für Schulklassen und Vor- und Nachbereitung mit der Klassenlehrerin oder dem Klassenlehrer. „Kinder stark machen" verfolgt dabei die folgenden Zielsetzungen:

- Steigerung der allgemeinen Lebenskompetenzen im Umgang mit Medien, Konsum, den eigenen Gefühlen und den Gefühlen anderer
- Information über Sucht und Suchtverhalten
- Reflektion des Erziehungsverhaltens (Eltern)
- „Kinder stark machen" im Schulalltag (LehrerInnen)

Drei verschiedene Workshops werden für die Klassen angeboten:
1. „Das brauch' ich auch" (Themen: Konsum, Umgang mit Geld, Werbung und Wünsche)
2. „Ich bin ich" und „Du bist du" (Themen: Gefühle und der Umgang damit)
3. „Ton ab" (aktive Nutzung von Medien und Freizeitverhalten, Stellenwert von Freundschaften und Hobbys).

Die Workshops werden mit einem Elternabend kombiniert (Themen: Sucht, Suchtverhalten, Suchtprävention im Kindesalter, Was brauchen Kinder für ihre Entwicklung). Die Workshops werden im Lehrerkollegium vorgestellt und besprochen.

9.4.2 Themenvorschläge für den Unterricht

9.4.2.1 Der Bildungsplan in Baden-Württemberg (1.–4. Klasse)

In den Grundschulen hat sich die Erkenntnis durchgesetzt, dass die Suchtvorbeugung möglichst früh beginnen muss, wenn sie erfolgreich sein soll. Kinder sind heute mehr denn je durch verschiedenartige Suchtmittel gefährdet. Sie müssen deshalb bereits in der Grundschule angemessen über bestimmte Suchtmittel und deren Missbrauch aufgeklärt werden. Diesen Erfordernissen tragen in der Regel die entsprechenden Lehrpläne für die Grundschule Rechnung. So finden sich z. B. im „Bildungsplan" (2004) für die Grundschulen in Baden-Württemberg Inhalte und Themen, die als Zugangsmöglichkeiten für Suchtprävention eingesetzt werden können:

1. **Deutsch (Klasse 2) – Kompetenzen und Inhalte**

   Die Schülerinnen und Schüler können

   - verständlich sprechen und anderen verstehend zuhören
   - mit anderen über ein Thema sprechen, eine eigene Meinung äußern und so demokratische Verhaltensweisen einüben
   - Gesprächsregeln beachten
   - einfache Spielszenen entwickeln

   (vgl. Ministerium für Kultus, Jugend und Sport Baden-Württemberg, 2004, S. 48)

2. **Deutsch (Klasse 4) – Kompetenzen und Inhalte**

   Die Schülerinnen und Schüler können

   - verständlich, situationsangemessen und partnerbezogen sprechen und anderen verstehend zuhören (aktives Zuhören)
   - mit anderen gezielt über ein Thema sprechen, es weiterdenken, eine eigene Meinung dazu äußern, zu anderen Meinungen Stellung nehmen und so grundlegende demokratische Verhaltensweisen anwenden
   - über das Gelingen von Kommunikation nachdenken und Konsequenzen daraus ziehen

   (vgl. Ministerium für Kultus, Jugend und Sport Baden-Württemberg, 2004, S. 50)

3. **Fächerverbund Mensch, Natur und Kultur (Klasse 2) – Kompetenzen und Inhalte**

   1. Wer bin ich – Was kann ich: Kinder entwickeln und verändern sich, stellen sich dar

      Die Schülerinnen und Schüler

      - finden unterschiedliche Ausdrucksformen für ihre Persönlichkeit, ihre Gedanken, Gefühle und Selbstwahrnehmungen

- entdecken und erkennen die eigene Sprache, Körpersprache, Bildsprache und Musik als Mittel des Selbstausdrucks

Die Schülerinnen und Schüler können

- eigene Fähigkeiten und Fertigkeiten erkennen, weiterentwickeln und situationsgerecht anwenden
- sich selbst, ihre Gefühle, ihre Körperlichkeit, körperliche Signale und Bedürfnisse wahrnehmen (gesunde Lebensführung, Bewegung, Ernährung)
- aus praktischem Tun Freude und Zuversicht in die eigene Leistungsfähigkeit entwickeln
- sich an ihre Lebensgeschichte erinnern, sich darüber mitteilen und Vorstellungen für ihre Zukunft entwickeln (Gespräche und Darstellungen zu Sinnfragen)
- die Bedeutung und die Leistungen der Sinne erkennen und in ihrer Lebenswirklichkeit nutzen (Wahrnehmungsübungen)

2. Ich – Du – Wir: Zusammen leben, miteinander gestalten, voneinander lernen

Die Schülerinnen und Schüler

- kennen verschiede Formen des Zusammenlebens, demokratische Beteiligungsformen und einfache Konfliktlösestrategien

Die Schülerinnen und Schüler können

- miteinander, für andere und sich singen und musizieren, darstellen und gestalten
- erkennen, dass eigene Fähigkeiten und Fertigkeiten in der Gruppe wirksam werden
- gestalterische Fähigkeiten zum Ausdruck von sich und anderen nutzen
- erkennen, dass das Zusammenleben durch Symbole, Regeln und Rituale organisiert wird und diese Orientierung Sicherheit gibt (eigene und fremdbestimmte Wünsche und Bedürfnisse)
- einander zuhören, Erfahrungen und Meinungen anderer aufnehmen sowie ihre eigene Meinung äußern
- partnerschaftliches Verhalten in der Familie und im Freundeskreis entwickeln (Nachdenken über Freundschaft und Liebe, Glück und Gerechtigkeit)
- Andersartigkeit wahrnehmen und sich damit auseinander setzen (Menschen unterscheiden sich durch die Gestaltung ihres Äußeren, körperliche Ausdrucksformen, Gewohnheiten, Vorlieben und Interessen)
- die Unterschiedlichkeit der Geschlechter wahrnehmen und respektieren (Mädchendinge/Jungendinge)

3. Kinder dieser Welt: Sich informieren, sich verständigen, sich verstehen
   Die Schülerinnen und Schüler können
   - Elemente anderer Länder und Kulturen in eigene Gestaltungen einbeziehen (andere Formen und Vorstellungen vom Leben)
   - Rechte anderer erkennen und respektieren
   - Medien herstellen, gestalten und Informationen aus ihnen entnehmen (Medien und Schrift als Informationsquelle und Ausdrucksmittel, Herstellung eigener Medien, Bücher und Lernspiele)
4. Raum und Zeit erleben und gestalten
   Die Schülerinnen und Schüler können
   - ihnen bekannte Räume bewusst wahrnehmen, mit unterschiedlichen Sinnen erschließen und sich in ihnen orientieren
   - Räume auf unterschiedliche Arten gestalten (der Klassenraum als gestalterischer Anlass, Gestaltung von Räumen mit Farben, Formen, Materialien, Textilien)
5. Heimatliche Spuren suchen, entdecken, gestalten
   Die Schülerinnen und Schüler
   - lernen den Ort als Lebens-, Wohn-, Lern-, Sozial- und Spielort für Kinder kennen, erkunden ihn und setzen sich mit ihm aktiv auseinander (Naturerlebnisräume)
   - finden eigene Ausdrucksformen für Vertrautheit und Fremdheit und entwickeln Verständnis und Respekt für andere
6. Mensch, Tier und Pflanze: Staunen, schützen, erhalten und darstellen
   Die Schülerinnen und Schüler können
   - ihre Verantwortung für die Bewahrung und Erhaltung der Natur und Umwelt erkennen (Wald als naturnaher Lebensraum)
7. Natur macht neugierig: Forschen, experimentieren, dokumentieren, gestalten
   Die Schülerinnen und Schüler können
   - eigene Fragen stellen, dazu einfache Experimente planen, durchführen, diskutieren, auswerten und optimieren
   - technische und mediale Hilfsmittel zur selbständigen Informationsbeschaffung über Naturphänomene verwenden (Darstellung von Naturphänomenen in der Musik, der Kunst und im Darstellenden Spiel)
8. Erfinderinnen, Erfinder, Künstlerinnen, Künstler, Komponistinnen und Komponisten entdecken, entwerfen und bauen, stellen dar
   Die Schülerinnen und Schüler
   - haben eigene technische und kreative Fähigkeiten und Interessen entwickelt und ein positives Bewusstsein ihrer eigenen Fähigkeiten aus-

gebildet (Planung, Skizze, Montage, Bau, Präsentation unterschiedlicher, fantastischer, skurriler Maschinen, Fahrzeuge und Objekte, visuell-technische Medien als künstlerische Werkzeuge)

Die Schülerinnen und Schüler können

- Gegenstände selbst herstellen, Werkzeuge und technische Geräte sachgemäß benutzen und dabei Sicherheitsaspekte brachten

(vgl. Ministerium für Kultus, Jugend und Sport Baden-Württemberg, 2004, S. 100 ff.)

4. Fächerverbund Mensch, Natur und Kultur (Klasse 4) – Kompetenzen und Inhalte

1. Wer bin ich – was kann ich: Kinder entwickeln und verändern sich, stellen sich dar

Die Schülerinnen und Schüler können

- unterschiedliche Formen der Selbstdarstellung und ihre Wirkung auf andere entdecken und erkennen (Selbstdarstellung und bildhafter Ausdruck eigener Gedanken und Gefühle)
- differenzierte und vielfältige Ausdrucksformen für ihre Persönlichkeit, ihre Gedanken, ihre Gefühle und ihre Selbstwahrnehmung finden
- aus praktischem musikalischem und künstlerischem Tun Freude und Zuversicht in die eigene Leistungsfähigkeit entwickeln
- wichtige Funktionen des Körpers und den Zusammenhang zwischen Körper, Ernährung und Bewegung erkennen
- sich selbst, ihre Körperlichkeit, ihre Geschlechtlichkeit und ihre Lebenswelt differenziert wahrnehmen und zunehmend reflektieren
- sich an ihre Lebensgeschichte erinnern, sich darüber mitteilen und Vorstellungen für ihre Zukunft entwickeln
- sich in Notsituationen angemessen verhalten und Grenzen kindlicher Hilfestellung erkennen (Prävention von Missbrauch durch Stärkung der Person)

2. Ich – Du – Wir: Zusammen leben, miteinander gestalten, voneinander lernen

Die Schülerinnen und Schüler können

- bewusst Unterschiede und Gemeinsamkeiten bei ihren Mitmenschen wahrnehmen und die Merkmale des Gegenübers mitteilen (Formen des Zusammenlebens, Leben in der Familie)
- einander zuhören, Erfahrungen und Meinungen anderer abwägen sowie ihre eigene Meinung begründen (demokratische Beteiligungsformen, Regeln, Konfliktlösungsstrategien, schülergeleitete Gesprächsrunden)

- gegenüber anderen Menschen in ihrer Verschiedenartigkeit Verständnis und Toleranz entwickeln
- ihre entwickelten Fähigkeiten zum gestalterischen Ausdruck von sich und anderen nutzen (miteinander spielen, feiern, Freizeit gestalten, gemeinsame Mahlzeiten, gemeinsame Gestaltungsaktionen, Theaterspiel)
- der Darstellung von Menschen in verschiedenen Medien kritisch begegnen
- Werbung, Mode, Idole und Musik als Vermittler von Trends, Wunschvorstellungen, Werten und Lebensstilen erkennen und einschätzen

3. Kinder dieser Welt: Sich informieren, sich verständigen, sich verstehen

Die Schülerinnen und Schüler können

- die Vielfalt und Eigenständigkeit kultureller Leistungen anerkennen (Esskultur und Gerichte anderer Länder)
- Besonderheiten, Unterschiede und Gemeinsamkeiten von Kulturen aus Vergangenheit und Gegenwart erkennen (Darstellung unterschiedlicher Lebensweisen sowie gesellschaftlicher und sozialer Probleme in Medien und Kunst)
- die Rechte anderer Gruppen respektieren und altersgemäße Verantwortung für das eigene Tun übernehmen (Lern- und Lebensformen der aktiven Mitarbeit und demokratische Beteiligung, Kinderrechte)
- Medienbotschaften verstehen und bewerten, Medien sachgerecht und bedürfnisbezogen nutzen, gestalten und zur Kommunikation einsetzen (Kommunikations- und Informationsmedien, Medien im Leben der Kinder, eigene Mediengestaltung und Präsentation)

4. Raum und Zeit erleben und gestalten

Die Schülerinnen und Schüler können

- Natur- und Kulturräume bewusst wahrnehmen, für sich erschließen und sich in ihnen orientieren
- Räume, auch Bewegungs- und Klangräume, auf unterschiedliche Art absichtsvoll gestalten (Gestaltung von Räumen in unterschiedlichen künstlerischen Absichten, Raumveränderung und Raumgestaltung mit Textilien und anderen Materialien)
- subjektives Zeiterleben reflektieren, szenisch darstellen und objektive Maßstäbe entwickeln
- die Notwendigkeit für zeitliche Vereinbarungen und Pläne einsehen

5. Heimatliche Spuren suchen, entdecken, gestalten und verändern

Die Schülerinnen und Schüler

- entwickeln Respekt und Wertschätzung gegenüber anderen Sichtweisen und erfahren anders sein als Bereicherung

- entwickeln durch reflektierte Wahrnehmung des eigenen Heimatgefühls ein gestärktes Selbstbild (Naturerlebnisräume, Musik in meiner Umgebung)

6. Mensch, Tier und Pflanze: Staunen, schützen, erhalten und darstellen
Die Schülerinnen und Schüler können
  - ihre Verantwortung für die Bewahrung und Erhaltung der Natur und Umwelt erkennen (Wald als naturnaher Lebensraum)

7. Natur macht neugierig: Forschen, experimentieren, dokumentieren, gestalten
Die Schülerinnen und Schüler können
  - eigene Fragen stellen, dazu einfache Experimente planen, durchführen, diskutieren, auswerten und optimieren
  - technische und mediale Hilfsmittel zur selbständigen Informationsbeschaffung über Naturphänomene verwenden

8. Erfinderinnen, Erfinder, Künstlerinnen, Künstler, Komponistinnen und Komponisten entdecken, entwerfen und bauen, stellen dar
Die Schülerinnen und Schüler
  - haben eigene technische und kreative Fähigkeiten und Interessen entwickelt und ein positives Bewusstsein ihrer eigenen Fähigkeiten ausgebildet (Planung, Skizze, Montage, Bau, Präsentation unterschiedlicher, fantastischer, skurriler Maschinen, Fahrzeuge und Objekte, visuell-technische Medien als künstlerische Werkzeuge)
  - können Gegenstände selbst herstellen, Werkzeuge und technische Geräte sachgemäß benutzen und dabei Sicherheitsaspekte beachten

5. Religion (evangelisch/katholisch) – 2. Klasse – Kompetenzen und Inhalte
Dimension: Mensch
Die Schülerinnen und Schüler
  - nehmen wahr, dass Freude und Leid, Angst und Geborgenheit zum menschlichen Leben gehören
  - können frohe und traurige Ereignisse (Glück, Freundschaft, Vertrauen, Angst, Leid, Krankheit, Tod) aus ihrem Erfahrungsbereich erzählen)
  - können von sich erzählen: Wer bin ich – was ist mir wichtig – was macht mich aus

Dimension: Welt und Verantwortung
Die Schülerinnen und Schüler
  - wissen, wie Mut, Vertrauen, Hoffnung und Nächstenliebe das Handeln von Menschen verändern können
  - kennen Regeln, friedlich miteinander umzugehen

- können Beispiele benennen, wie sie für sich und andere Verantwortung übernehmen

(Ministerium für Kultus, Jugend und Sport Baden-Württemberg, 2004, S. 26, S. 36)

6. Religion (evangelisch/katholisch) – 4. Klasse – Kompetenzen und Inhalte

Dimension: Mensch

Die Schülerinnen und Schüler

- wissen, dass sie und andere Menschen Stärken und Schwächen haben, dass Leistung und Freude, Leid und Tod, Schuld und Vergebung zum menschlichen Leben gehören
- können ihre Gaben und Stärken sowie ihre Grenzen und Schwächen wahrnehmen und darüber sprechen
- können an Lebensgeschichten darstellen, dass Menschen sich weiterentwickeln

Dimension: Welt und Verantwortung

Die Schülerinnen und Schüler

- können einander in Verschiedenheit wahrnehmen, einander achten und loben, und kennen Möglichkeiten, auch in Konflikten gerecht miteinander umzugehen
- können an Beispielen aufzeigen, wie sie als Christen in ihrer Lebenswelt Verantwortung für sich und andere übernehmen können

(Ministerium für Kultus, Jugend und Sport Baden-Württemberg, 2004, S. 28, S. 38)

Die aufgezeigte Übersicht über die wichtigsten Kompetenzen und Inhalte, die für die Grundschule gelten und die im Zusammenhang mit der Suchtprävention Relevanz besitzen, sind als Ideal-Konstruktion anzusehen. In der Realität des Grundschulalltags (z.B. Vergleichsarbeiten, leistungsschwache Schüler usw.) lässt sich der hohe Anspruch des „Bildungsplans" für den Bereich der Suchtprävention nur bedingt umsetzen. Daraus ergeben sich für die Kinder häufig nur marginale Lernmöglichkeiten. Es ist zu beachten, dass die Schule selber suchtfördernde Faktoren schafft, z.B. durch Überforderung von Schülern und Lehrkräften. Ein wichtiger Grund für dieses Problem liegt darin, dass die Schulen einerseits die ökonomisch-wissenschaftlichen Aspekte des gesellschaftlichen Wandels zu integrieren suchen, indem sie die Lehrpläne häufig ändern bzw. auffüllen, andererseits den psychosozialen Begleiterscheinungen dieses Wandels wenig Rechnung tragen.

Die folgenden zehn präventiven Grundsätze sollten von jeder Schule berücksichtigt werden (Kaufmann, 2001, S. 45 f.):

Suchtprävention in der Grundschule 89

Die Gefahr der Verstärkung süchtigen Verhaltens besteht in der Schule unter folgenden Bedingungen:	Die Chance zur Vermeidung süchtigen Verhaltens ergibt sich z. B. durch folgende Verhaltensweisen:
1. Schülerinnen und Schüler werden als „Material" betrachtet.	Schülerinnen und Schüler werden als Personen angesprochen.
2. Zu schlechte oder zu gute Notengebung.	Realistische Rückmeldung über Leistungsschwächen und Stärken.
3. Der Hinweis auf Leistungsschwächen ist mit einer Abwertung der Person verbunden.	Der Hinweis auf Leistungsschwächen geschieht so, dass die Schüler/innen ihr Gesicht wahren können.
4. Die Schüler/innen werden offen oder verdeckt in feste „Schubladen" geordnet („Versager" oder „Leistungsträger").	Aufzeigen für Verbesserungsmöglichkeiten für jede/n Schüler/in (Kompensationskurse etc.).
5. Bei Auffälligkeiten: Wegsehen oder ausschließlich formale Reaktion durch Ordnungsmaßnahme	Auffällige Veränderungen im Verhalten von Schüler/innen werden sensibel wahrgenommen; es wird nach Ursachen gefragt.
6. Inkonsequenz gegenüber Regelverstößen.	Sinnvolle Regeln werden verbindlich gesetzt und eingehalten (Verspätungen, Hausaufgaben, Rauchen usw.).
7. Lehrerentscheidungen werden absolut gesetzt; persönliche Differenzen gehen in die Leistungsbewertung ein.	Lehrerentscheidungen werden transparent gemacht, sind korrigierbar.
8. Das Lehrerverhalten gegenüber legalen Suchtmitteln stimmt nicht mit den Forderungen an die Schüler/innen überein.	Aufrichtigkeit und Fähigkeit zur Selbstkritik im eigenen Umgang mit legalen Suchtmitteln (Alkohol, Nikotin).
9. Der Unterricht orientiert sich unflexibel und streng an reinen Sachbefunden und lässt darüber hinaus kein Gespräch zu.	Der Unterricht gibt den Schülerinnen und Schülern Gelegenheit, über sich und ihre Befindlichkeit zu sprechen und aufeinander einzugehen.
10. Die Lehrerin bzw. der Lehrer gibt sich betont sachlich, betrachtet sich als „neutrale/r" Wissensvermittler/in.	Die Lehrerin bzw. der Lehrer bringt sich selbst in den Unterricht mit ein und bemüht sich um eine Rolle als soziales Vorbild.

Suchtprävention ist in der Grundschule nicht an bestimmtes Fach gebunden, sondern sollte sich in verschiedenen Unterrichtsfächern vollziehen, wobei bei der Umsetzung ein fächerverbindender Unterricht sinnvoll ist. Es ist dabei darauf zu achten, dass die Beiträge der Fächer und die sonstigen Bemühungen um Suchtprävention so aufeinander abgestimmt werden, dass die gestellten Ziele für die verschiedenen Alters- und Klassenstufen erreicht werden.

Bei der Unterrichtsgestaltung muss auf eine abschreckende Wirkung als Teil der Informationsvermittlung verzichtet werden, denn Abschreckung kann sowohl Kinder ängstigen als auch kindliche Neugierde erst wecken. Im Mittelpunkt der

Arbeit sollte die Stärkung und Weiterentfaltung der kindlichen Fähigkeiten zu selbstbestimmtem, eigen- und sozialverantwortlichem Handeln, um die Förderung von Selbstachtung und sozialer Anerkennung und auf dieser Grundlage um die Ermöglichung von und Befähigung zu körperlich-psychosozialem Wohlbefinden stehen. Dabei sollte Suchtprävention hauptsächlich als Gesundheitsförderung verstanden und praktiziert werden: „Gefragt ist ein Unterricht, der Lernen mit allen Sinnen erlaubt, die Lernlust der SchülerInnen erhält, weckt und entfaltet, ihren Fragen und ihrem Entdeckungseifer Raum gibt, ihre individuell unterschiedlichen Lernvoraussetzungen respektiert und von ihnen ausgeht, ihre Fehler und Irrtümer als Lernchancen ins Bewußtsein rückt und nutzbar macht und sie an der Unterrichtsgestaltung selbst soweit wie möglich beteiligt" (Schlömer, 1995, S. 9). Dabei sollte die Bedeutung des außerunterrichtlichen Schullebens nicht vergessen werden:

- Gestaltung der Klassen- und Schulräume

- Pausen für Bewegungs-, Spiel- und Ruhebedürfnisse

- Feste, Klassenreisen, Wandertage

- Schulzirkus, Theateraufführungen und andere projekt- und erlebnisorientierte Angebote im musischen, kreativ-handwerklichen, künstlerischen oder sportlichen Bereich

Diese Unternehmungen fördern in besonderer Weise Schaffensfreude, Fähigkeiten zur Freizeitgestaltung, das Kennenlernen eigener Leistungsmöglichkeiten und -grenzen sowie Zusammenarbeit und Kommunikation.

Suchtprävention als Gesundheitsförderung der Grundschüler setzt aber auch Arbeitsbedingungen für die LehrerInnen voraus, unter denen sie nicht ausbrennen, sondern mit Engagement und Motivation arbeiten können, damit die Umsetzung dieses wichtigen Themas auch qualitativ ansprechend gelingen kann. Andererseits darf die Grundschule allein ihren suchtpräventiven Einflussmöglichkeiten auch keinen zu hohen Wert beimessen und muss deshalb die Kooperation mit den Eltern sowie den Institutionen der außerschulischen Sozialarbeit (z. B. Beratungsstellen, Jugendamt usw.) suchen.

9.4.2.2 Warm-ups als Einstiegsmöglichkeit

Zur Auflockerung und als Einstiegsmöglichkeiten für Klassen bzw. Unterrichtseinheiten bietet sich das sogenannte Warm-up an: „Warming-ups können den Schüler/-innen helfen, körperlich und in Bezug auf die Interaktionsbereitschaft „warm zu werden". Sie locken sie aus der Reserve und aktivieren ihr Energiepotenzial – zunächst das körperliche und mittelbar auch das psychische" (Valtl, 1998, S. 60).

Marktplatz
Alle gehen schweigend durch den Raum, beachten einander nicht, sehen nur den Raum, die Gegenstände darin, berühren diese, klopfen sie ab, schauen aus dem Fenster, testen die Akustik usw. Der Lehrer gibt nach und nach folgende Anweisungen: „Allmählich werdet ihr euch bewusst, dass noch andere Menschen im Raum sind. Schaut euch nicht in die Augen, nehmt euch nur aus den Augenwinkeln gegenseitig wahr. – Jetzt schaut euch flüchtig an, streift euch wie Fremde auf der Straße kurz mit dem Blick, grüßt euch nicht, verzieht überhaupt keine Miene. – Jetzt schaut euch beim Vorübergehen kurz in die Augen. Grüßt euch mit einem Augenzwinkern, mit einem Lächeln, mit einem Winken von Weitem, mit Handschlag, mit einem Diner bzw. Knicks, mit einer Umarmung – und so, wie ihr euch normalerweise begrüßt, wenn ihr euch am Morgen in der Schule über den Weg lauft."

Auf geht's
Die Schüler gehen kreuz und quer durch den Raum. Ein Schüler ruft: „Auf geht's!" und macht eine Bewegung vor (hüpfen, kriechen, schleichen, rückwärts gehen (alles ist möglich), die alle so lange nachahmen, bis der Nächste ruft: „Auf geht's!"

Tauziehen
Die Schüler bilden Paare. Der Lehrer sagt: „Bitte suche dir einen Partner, mit dem du im Augenblick gerne einen kleinen Wettkampf austragen möchtest." Die Paare stehen sich im Abstand von etwa einem Meter gegenüber. Der Lehrer: „Stellt euch vor, ihr haltet beide ein dickes Schiffstau in euren Händen. Du kannst es richtig spüren, wie es in deiner Hand liegt und sich zwischen dir und deinem Partner spannt. – Stell dir jetzt vor, dass ihr mit diesem Tau ein Tauziehen macht. Beachtet aber, dass sich das Tau nicht dehnen kann: Wenn die eine Seite anzieht, muss die andere mitgehen."

Spots in Movement
Alle Schüler bewegen sich kreuz und quer durch den Raum. Dazu läuft Musik. Immer wenn die Lehrkraft die Musik in bestimmten Zeitabständen unterbricht, gibt die Lehrkraft Anweisungen wie:
- so viele Hände wie möglich schütteln
- alle vier Wände berühren
- zu zweit auf einen Stuhl steigen
- auf den Boden liegen
- rückwärts gehen
- jemanden an der Nase fassen
- sich in Zweier-, Dreier- und Vierer-Gruppen zusammenschließen und einander festhalten
- einander auf die Schulter klopfen

- nach der gleichen Schuhgröße zusammenstellen
- nach der Augenfarbe zusammenfinden
- nach dem gleichen Geburtsmonat zusammenstellen
- einen Boxkampf machen, ohne sich zu berühren
- wie Frösche hüpfen
- wie Krebse bewegen
- wie Wölfe heulen
- wie Regenwürmer kriechen
- so laut lachen wie möglich
- so laut schreien wie möglich
- verschiedene Musikinstrumente „spielen" (Gitarre, Schlagzeug usw.)
- mit einem Motorrad durch die Gegend fahren, ohne sich gegenseitig zu berühren
- so tun, als ob alle eine Kissen- oder Schneeballschlacht machen.

Ausflug in den Urwald
Die Kinder ahmen verschiedene Tiere in ihren Bewegungen nach. Sie stampfen mit ihren Füßen wie die Elefanten, galoppieren wie die Zebras, schleichen wie die Löwen und Tiger, springen wie die Affen, kriechen wie die Schlangen usw. Außerdem können auch passende Tiergeräusche nachgeahmt werden: Die Schlangen zischen, die Löwen und Tiger brüllen, die Elefanten trompeten usw.

9.4.2.3 Umgang mit Medikamenten

Gesundheit und Krankheit zählen zu den grundlegenden Erfahrungen und Beobachtungen auch von Grundschulkindern. Wenn Kinder krank sind, erleben sie meistens von den Eltern eine Art der Zuwendung, die sie sonst nicht so erfahren: Ihre Wünsche werden eher erfüllt und sie sind von bestimmten Verpflichtungen (z. B. Schulbesuch) befreit. Kinder können aber auch erleben, dass Erwachsene häufig auf jede Form von Unwohlsein (z. B. Kopfschmerzen, Völlegefühl, Verstopfung usw.) mit der Einnahme von Medikamenten begegnen. Die Behandlung des Themas „Medikamente" in der Grundschule gibt den Kindern die Möglichkeit, ihre vielfältigen Erfahrungen und Erlebnisse darzustellen, auszutauschen, zu ordnen und zu deuten sowie zu sachbezogenen Einsichten und Verhaltensmustern beim Umgang mit Arzneimitteln zu gelangen. Der verantwortungsbewusste Umgang mit Medikamenten umfasst auch die aktive Vorbeugung hinsichtlich einer Krankheit ebenso wie die Suche nach alternativen Heilmitteln: „Die Kinder erfahren, dass man sich vor bestimmten Ansteckungen schützen kann, dass man Krankheit und Sich-unwohl-Fühlen als Zustand akzeptieren und mit Krankheitssymptomen umgehen lernen kann, ohne sich mit Medikamenten vollzustopfen. In vielen Fällen kann das seelische Befinden den Gesundungsprozess positiv beeinflussen" (Brink, 1995, S. 52f.). Bei diesem Thema geht es jedoch auch um die Vermittlung von Kenntnissen über die Art des Medikaments, denn die Kinder sollen lernen, dass es genaue Vorschriften zur Dosierung und

Anwendung gibt, die einzuhalten sind. Nach der Bundeszentrale für gesundheitliche Aufklärung (2002, S. 12) können folgende Lerneinheiten angeboten werden:

Für 1. und 2. Klassen:
- „Ich habe mich erkältet ...!"
- „Oft helfen Hausmittel ..."
- „Ich werde untersucht!"
- „Ich will mich nicht erkälten!"

Für 3. und 4. Klassen:
- „Arzneimittel können heilen und helfen!"
- „Arzneimittel – Helfer in allen Lebenslagen?"
- „Was mich traurig macht ..."
- „Lachen ist die beste Medizin – Der Zirkus kommt!"

Petra ist krank

Als Petra morgens aufwacht, spürt sie, dass es ihr heute nicht gut geht. Das Schlucken im Hals tut ihr weh. Ihr Kopf ist heiß, und sie muss husten. Beim Aufstehen wird ihr schwindelig. Sie hat das Gefühl, sie müsste gleich spucken. Petra legt sich wieder hin und ruft ihre Mutter. Die Mutter kommt und setzt sich an Petras Bett. Sie merkt sofort, dass Petra krank ist. Sie sagt: „Ich glaube, du kannst nicht in die Schule. Wir müssen heute wohl zuerst zum Arzt gehen."

Fragen: Kranksein, was heißt das für dich? Wie geht es für Petra weiter?
(Ministerium für Kultus, Jugend und Sport Baden-Württemberg, 1996, S. 38)

Dann geht's mir besser

Dauer: ca. 90 Minuten
Materialien: Handpuppe, Schülertische, Spielrequisiten (Buch, Spiel, Spielzeugtelefon)
Altersgruppe: 7–10 Jahre
Gruppengröße: ca. 12 Kinder/Teilungsgruppe

Pädagogischer Schwerpunkt: Stabilisierung der positiven Kräfte eines Kranken (seelische Verfassung, günstige Beeinflussung des Genesungsprozesses, überzogener Einnahme von Medikamenten vorbeugen)

Anleitung:
Die Lehrerin/der Lehrer stellt mit einer Handpuppe eine kleine Spielszene dar: Die Puppe fühlt sich schlecht, ist krank und weinerlich. Sie liegt im Bett und ist allein.

In einem Gesprächskreis bespricht die Gruppe die Situation. Die Kinder erzählen von ihren Erfahrungen mit dem Kranksein. Fast jedes Kind hat schon einmal erlebt, dass es ihm schlecht ging, wenn es allein war und sich langweilte. Andererseits konnte man die Krankheit für einige Zeit vergessen, wenn jemand da war, der sich um einen kümmerte.

Am Ende des Gesprächs wird überlegt, wodurch das kranke Kind Ablenkung bekommen könnte, damit es sich nicht mehr so elend fühlt. Möglichkeiten sind z. B.: Kassette bzw. CD hören, ein Puzzle legen, Besuch von der Freundin/dem Freund bekommen, mit der Mutter/dem Vater/den Geschwistern spielen, mit Oma/Opa/Tante/Onkel telefonieren.

Im Anschluss entwickeln die Kinder in Gruppen szenische Spiele, in denen sich unterschiedliche Personen um den Kranken kümmern und ihm Ablenkung verschaffen. Vorgegeben wird, dass in jeder Gruppe das Kind allein ist und im Bett liegt.

Vorschläge:

Gruppe A

Mutter ist in der Küche und bereitet das Essen zu. Die Freundin klingelt und bringt die Hausaufgaben. Mutter erlaubt, dass die Freundin noch etwas bleibt und mit dem kranken Kind spielt.

Gruppe B

Das kranke Kind erhält einen Anruf von der Tante/Oma. Diese unterhält sich mit dem Kind, erzählt ihm Witze, liest eine Geschichte vor. Da dreht sich der Schlüssel im Schloss und Mutter ist vom Einkaufen wieder zurück.

Gruppe C

Das kranke Kind ruft nach der Mutter und überredet sie, bei ihm am Bett zu bleiben und etwas vorzulesen oder mit ihm zu spielen.

Folgende Erkenntnisse werden gewonnen:
- Wenn ich krank bin, muss ich mich nicht die ganze Zeit schlecht fühlen.
- Ich kann etwas dafür tun, dass es mir besser geht.
- Ich kann etwas für einen Kranken tun, damit es ihm besser geht.
  (Brink, 1995, S. 54f.)

Das hilft einem Kranken auch

- Was erleichtert das Kranksein?
- Oma ruft an und fragt, wie es geht.
- Vater kommt ans Bett und liest vor.
- Ein Freund/eine Freundin besucht mich.
- Ich höre eine lustige oder spannende Geschichte (Kassette, CD).
- Ich schmiege mich an meinen Teddy und schlafe viel.
- . . . .

Der Arzt untersucht Petra

Welche Untersuchungsmethoden gibt es?

Welche medizinischen Geräte verwendet ein Arzt?

- Fieber messen
- Zunge zeigen
- aaaa-sagen
- Zustand schildern
- in die Augen schauen
- Bauch abtasten
- . . . .

Andere Untersuchungsmethoden

- Blut abnehmen
- Röntgen
- Urin untersuchen
- . . . .

(Ministerium für Kultus, Jugend und Sport Baden-Württemberg, 1996, S. 39)

Der Arzt stellt ein Rezept aus

Warum verschreibt der Arzt ein Rezept?
Wer bezahlt die Medikamente?
Wo bekomme ich die Arznei?
Welche Dosierung ist angegeben?

Formen und Anwendungsarten

Welche Medikamente kennen wir?
Wie werden sie verabreicht, eingenommen, angewendet?

Tabletten	mit Flüssigkeiten schlucken
Saft	trinken
Pulver	in Wasser auflösen
Puder	Haut einpudern
Salbe	einreiben, eincremen
Zäpfchen	in den Po einführen
Spritze	in den Muskel spritzen
Tropfen	in Auge, Ohr oder Mund tröpfeln
(ebd.)	

Hausmittel

Was hilft uns, bald wieder gesund zu werden?
Welche Hausmittel werden zu Hause angewendet?
Was sagt ein Arzt dazu?

Hausmittel gegen Erkältungskrankheiten:
- Lindenblütentee
- heißer Holunderbeersaft
- ausgepresste Zitrone in heißem Wasser trinken
- heiße Milch mit Honig
- Brustwickel
- Wadenwickel
- Fußbad
- Kräuterbonbons
- Kamillendampf einatmen
- viel trinken
- leichte Kost
- ....

(Ministerium für Kultus, Jugend und Sport Baden-Württemberg, 1996, S. 40)

Ich kenne da ein Hausmittel

Dauer: ca. 180 Minuten

Materialien: eine Schüssel mit kaltem Wasser, ein Baumwolltuch, ein Arbeitsblatt

Altersgruppe: 8 bis 10 Jahre

Gruppengröße: bis Klassenstärke

Pädagogischer Schwerpunkt: Hausmittel als Alternative zu Medikamenten kennenlernen

Anleitung:

Die Lehrerin/der Lehrer hat eine Schüssel mit kaltem Wasser und ein Baumwolltuch mitgebracht. Alle Kinder sitzen im Kreis zusammen und beobachten, was nun geschieht:

Ein Kind stellt sich für einen kleinen Versuch zur Verfügung. Das Tuch wird in das Wasser getaucht, leicht ausgewrungen und dem Kind um die nackte Wade gelegt. Es berichtet über sein Empfindung: „Mir wird ganz kalt."

In einem Gespräch wird nun geklärt, wozu so ein kalter Umschlag dient. Viele Kinder werden sich erinnern, dass bei Fieber der Wadenwickel angewandt wird. Vorteil: Man muss keine oder weniger fiebersenkende Medikamente einnehmen.

Die Kinder sprechen über ihre Erfahrungen mit Hausmitteln (z. B. Honigmilch bei Halsschmerzen, Halsumschläge, Wärmflasche, Erkältungsbad usw.). Die Vorteile von Hausmitteln werden herausgearbeitet:

- Sie haben keine oder geringe Nebenwirkungen.
- Man kann sie zu Hause leicht selbst anwenden.
- Sie können die Einnahme von Medikamenten verringern.

Nun erhalten die Kinder den Auftrag, mit den einzelnen Mitgliedern ihrer Familie eine Befragung (Interviews) durchzuführen. Ein Arbeitsblatt mit den wichtigsten Punkten kann dabei hilfreich sei.
- Welche Hausmittel werden verwendet (Name des/der Hausmittel)?
- Bei welcher Krankheit wird es/werden sie angewandt?
- Wie wird es/werden sie angewandt (genaue Beschreibung)?
- Wen kann man befragen? (z. B. Omas, Großtanten usw.)

In einer nächsten Stunde werden die Ergebnisse der Befragungen zusammengetragen und ein „Klassenratgeber" erstellt (Brink, 1995, S. 55f.).

Auf den richtigen Umgang kommt es an

Dauer: 90 Minuten

Materialien: Arzneischachteln für Tabletten, geeignete vorbereitete Beipackzettel, Hustensaftflasche, Salbentube, Traubenzucker, Fruchtsaft, Pflegecreme, Löffel oder Dosierbecher

Altersgruppe: 8 bis 10 Jahre

Gruppengröße: ca. 12 Kinder/Teilungsgruppe

Pädagogischer Schwerpunkt:
Bei den Kindern festigen sich folgende Erkenntnisse:
- Medikamente gibt es in unterschiedlichen Formen.
- Jedes Medikament muss auf die richtige Art angewandt werden.
- Die Dosierung muss genau eingehalten werden.

Anleitung:
Im Gesprächskreis ist heute Besuch: Die Lehrerin/der Lehrer lässt eine Handpuppe, die sich elend fühlt, sprechen:
Sie hatte Kopf- und Halsschmerzen, ist an den Medikamentenschrank gegangen, hat alles in den Mund gesteckt, was da war. Ergebnis: Jetzt geht es ihr noch schlechter.
Einige Medikamentenpackungen liegen für die Kinder sichtbar in der Mittel. Natürlich werden die Kinder jetzt empört äußern, dass man das nicht machen darf. Anhand der mitgebrachten Schachteln wird nun herausgearbeitet, dass es verschiedene Arten von Medikamenten gibt. Jedes hat eine besondere Anwendungsart. Dazu schauen wir uns einige ausgewählte Beipackzettel an: Wirkung, Nebenwirkung, Dosierung, Anwendung.
Die Beipackzettel sollten so vorbereitet sein, dass nur die für die Schüler verständlichen Begriffe optisch hervorgehoben sind (z. B. durch Textmarker).
Bei der Durchsicht der eigenen Hausapotheke lassen sich geeignete Beschreibungen schnell finden.
Im Ergebnis soll allen Kindern klar sein: Es ist wichtig, vor Einnahme eines Medikaments genau zu wissen, wie es angewandt wird.

Nun werden kleine Gruppen gebildet, die in szenischen Darstellungen die Anwendung bestimmter Medikamente aufgrund der gelesenen Beipackzettel vorführen. Den Kindern macht es viel Spaß, die Situation auszuschmücken. Es können deshalb auch der Arzt, die Mutter oder Geschwister um das „Krankenbett" versammelt sein.

Folgende Szenen können als Gerüst dienen:

Gruppe A:

Der Arzt macht einen Hausbesuch und erklärt die Einnahme von Tabletten (in der Packung befindet sich Traubenzucker).

Gruppe B:

Mutter nimmt eine Einreibung mit Salbe auf Brust und Rücken vor (Pflegecreme).

Gruppe C:

Vater kümmert sich um das kranke Kind und verabreicht ihm Hustensaft (Fruchtsaft).

(Brink, 1995, S. 56f.)

Vorbeugung

Der Arzt empfiehlt zur Vorbeugung von Erkältungskrankheiten
Was hilft uns, gesund zu bleiben?
Was raten Eltern, Großeltern, Gesundheitsratgeber?

- sich viel in frischer Luft bewegen
- sich entsprechend anziehen
- nachts eher in kühleren Räumen schlafen
- frisches Obst und Gemüse essen
- Zimmer öfters lüften
- nasse Kleider rasch wechseln
- abhärten (kalt duschen)
- ....

Ministerim für Kultus, Jugend und Sport Baden-Württemberg, 1996, S. 40)

Das „Vorsicht: Ansteckung!"-Domino

Dauer: 180 Minuten
Materialien: Tafel, Zeichenkarton oder Pappe (geschnitten)
Altersgruppe: 8 bis 10 Jahre
Gruppengröße: bis Klassenstärke

Pädagogischer Schwerpunkt: Schaffen eines Bewusstseins für aktive Gesundheitsvorsorge

Anleitung:

Bei diesem Beispiel geht es darum, in motivierender Form die vielfältigen Kenntnisse der Kinder über Verhaltensweisen, die der Gesundheitsprophylaxe dienen, aufzugreifen und als Erinnerungsmoment zu aktivieren.

Als Einstieg in die Problematik dient eine kurze Geschichte: Die Lehrerin/der Lehrer erzählt z. B., dass sie/er einmal im Kino neben einer Person gesessen hat, die einen Schnupfen hatte und andauernd niesen musste. Das war zwar störend, aber sie/er dachte sich nichts dabei. Nach ein paar Tagen bemerkte sie/er, dass der Hals weh tat und die Nase lief. Die Kinder werden schnell erkennen, dass es sich hierbei um eine Ansteckung handelte. Im Gespräch werden nun die vielfältigen Situationen zusammengestellt, in denen man Gefahr läuft, sich anzustecken oder krank zu werden sowie die entsprechenden Möglichkeiten, sich zu schützen. Für die Herstellung des Dominos ist als Gedächtnisstütze ein Tafelbild notwendig.

(Brink, 1995, S. 57)

Viele Menschen sind auf Medikamente und medizinische Hilfsmittel angewiesen

Bei welchen Krankheiten sind wir auf Medikamente angewiesen?
Welche medizinischen Hilfsmittel kennen wir?

- Zuckerkrankheit (tägliches Spritzen von Insulin)
- Asthma (Spray)
- Allergien (vermeiden bestimmter Stoffe)
- Herzkrankheit (Herzschrittmacher)
- Körperbehinderung (z. B. Rollstuhl)
- Sehschwäche (Brille)
- Hörfehler (Hörgerät)

(Ministerium für Kultus, Jugend und Sport Baden-Württemberg, 1996, S. 41)

Für Arzneimittel wird auch geworben

Kennt Ihr Werbung für Arzneimittel in Zeitschrift, Fernsehen oder Radio?
Gibt es auch Arzneimittel im Laden?

Die Superpille

Gibt es Medikamente für alle Lebenslagen?
In welchen Situationen nehmen Menschen gerne Medikamente zu Hilfe?

Einschlafen geht auch ohne Pille

Was hilft, schwierige Situationen ohne Pillen zu bewältigen?

- tagsüber viel Bewegung und körperliche Betätigung
- keine aufregende Fernsehsendung vor dem Schlafengehen
- ein warmes, entspannendes Bad

- Entspannungsübungen
- . . . .

(a. a. O., S. 42)

9.4.2.4 Ernährung

Kinder im Grundschulalter haben einen nur beschränkten Einfluss auf ihre Ernährung, denn die Ernährungserziehung vollzieht sich vorwiegend in der Familie. Die Essgewohnheiten werden stark durch das Vorbild und die Einstellung der Eltern sowie durch familiäre Traditionen bestimmt. Außerdem wirken die Medien auf die Ess- und Trinkgewohnheiten der Kinder ein. Bedarfsgerechte Ernährung ist eine wichtige Voraussetzung für eine gute Gesundheit und für körperliches Wohlbefinden. Die Ernährungserziehung in der Grundschule hat deshalb zum Ziel, durch entsprechende Lernangebote positive Ernährungsgewohnheiten zu bilden und zu fördern. Die Grundschule kann aus diesem Grund schon frühzeitig den Kindern die Möglichkeit bieten, gesundheitsbewusst leben zu lernen. Wenn Kinder in der Grundschule lernen, für ihren Körper und ihre Gesundheit mitverantwortlich zu sein, bemühen sie sich eher, den Süßigkeiten- und Knabberartikelkonsum einzuschränken. Die Entwicklung von positiven Ernährungsgewohnheiten kann die Kinder vor suchtgefährdenden Verhaltensweisen schützen.

Folgende Themen bieten sich z. B. in der Grundschule an:

Für 1. und 2. Klassen:
- Lieblingsspeisen aus Quark
- Keime und Sprossen
- schmackhafte Getränke ohne Zuckerzusatz
- Rohkost-Buffet

Für 3. und 4. Klassen:
- Brötchen aus Weiß- und Vollkornmehl
- Milchgetränke
- „Unser Kartoffelsalat"
- Ernährung und Bewegung

Literaturhinweis:

Gerhard Dallmann/Gisela Meißner/Klaus Meißner/Gesine Bahnsen: Ernährung und Gesundheit – Unterrichtsmaterial für die 1. bis 4. Klasse der Grundschule (Hg.: Bundeszentrale für gesundheitliche Aufklärung, Köln)

Schulfrühstück

Für die Grundschule bietet sich z. B. die Möglichkeit, die tägliche Nahrungsaufnahme im Rahmen eines gemeinsamen Frühstücks im Klassenzimmer für die Ernährungserziehung zu nutzen. Oft wird heute in Familien nicht mehr gefrühstückt und Kindern fehlt das Schulfrühstück als wichtige Zwischenmahlzeit bzw.

sie bekommen statt des Schulbrotes etwas Ungesundes (z. B. Kuchen) mit in die Schule. Unter diesem Umstand leiden auch die Konzentrations- und Leistungsfähigkeit der Schüler, die beide eng mit Gesundheit und Wohlbefinden zusammenhängen. Bei diesen Bedingungen ist es verständlich, wenn Kindern das Lernen Probleme bereitet, sie antriebslos, unkonzentriert, hungrig oder müde sind. Das gemeinsame Schulfrühstück kann den Kindern ein Gefühl für die Notwendigkeit, regelmäßig zu essen vermitteln, und sie können lernen, ihren Hunger nicht durch Naschen sondern durch gesunde Lebensmittel zu stillen. Durch das gemeinsame Frühstück im Klassenzimmer „kann sich das Bedürfnis nach geregelten Mahlzeiten – am liebsten in der Gemeinschaft – entwickeln, d. h. auch zu Hause lieber gemeinsam mit anderen Familienmitgliedern als allein zu essen. Außerdem lernen die Kinder in einzelnen Aktionen und Unterrichtseinheiten, wie Brötchen gebacken, Gemüse- und Obstplatten angerichtet, Nudeln mit Sauce zubereitet werden, wie Tee gekocht wird und vieles andere mehr. All' dies stärkt das Gruppengefühl und die Gruppenzusammengehörigkeit; die Kinder erfahren, dass gesundes Essen Spaß macht, dass es dazu da ist, den Hunger zu stillen und nicht Frust, Einsamkeit, Langeweile oder Enttäuschungen zu verdrängen" (Lutze-Krumbiegel/Cleve, 1995, S. 16). Sicherlich müssen bei diesem Thema auch die Eltern in einer gewissen Weise (z. B. Elternabend, Elternbriefe) gewonnen werden.

Unsere Frühstücksgewohnheiten

Dauer: zwei Unterrichtsstunden
Materialien: Brettchen, Messer, Obst, Pappbögen, Gemüse
Altersgruppe: 1. bis 4. Klasse
Gruppengröße: die ganze Klasse

Pädagogischer Schwerpunkt: Bewusstmachen der eigenen Frühstücksgewohnheit / Unterschiede feststellen

Anleitung:

Schüler und Lehrerin/Lehrer sitzen in einem Stuhlkreis und erzählen sich, was morgens zu Hause gefrühstückt bzw. ob überhaupt etwas gegessen wird. Wichtig ist, dass die Lehrkraft auch über die eigenen Essgewohnheiten spricht.

In einer zweiten Runde findet ein Gespräch darüber statt, was als Pausenfrühstück verzehrt wird. Die Getränke sollten dabei nicht vergessen werden.

Danach malen mehrere Kinder ihr Frühstück auf jeweils einen großen Pappbogen auf. Anschließend werden die einzelnen Lebensmittel benannt und die Lehrerin/der Lehrer schreibt oder malt diese – je nach Altersstufe – an die Tafel.

Nach all dem Reden und Malen über das Frühstück wird es nun Zeit, wirklich etwas zu essen. Dafür hat die Lehrperson verschiedene Obstsorten (z. B. Äpfel, Birnen, Apfelsinen usw.) und Gemüse (z. B. Möhren, Gurke, Paprika usw.)

sowie Brettchen und Messer mitgebracht. Gemeinsam wird das Obst/Gemüse gewaschen, klein geschnitten, auf Teller gelegt und dann genüsslich verzehrt.

Variation:

Die Lehrkraft sagt den Schülern am Tag zuvor, sie möchten am kommenden Tag Gemüse und Obst sowie ein Butterbrot von zu Hause mitbringen. Sonst wie oben.

Zum Abschluss fragt die Lehrerin/der Lehrer, welche Obst- und Gemüsesorten die Schüler außerdem noch kennen und lässt sei an die Tafel malen/schreiben.

Erweiterung der Lerneinheit:

Es werden nicht nur die Frühstücksgewohnheiten besprochen, sondern die Essgewohnheiten allgemein. Die Schüler malen die verschiedenen Lebensmittel auf, die sie den ganzen Tag über essen und benennen ihre Lieblingsspeisen.

(Lutze-Krumbiegel/Cleve, 1995, S. 17f.)

Literaturhinweis:

Siegfried Aust/Ferdinand Hicke: Schulfrühstück – Unterrichtsmaterial für die 1. bis 4. Klasse der Grundschule (Hrsg. Bundeszentrale für gesundheitliche Aufklärung), Köln

Einkauf auf dem Wochenmarkt – am Beispiel Gemüse und Obst

Dauer: zwei Unterrichtsstunden
Materialien: Einkaufsliste, Einkaufstaschen, Geld
Altersgruppe: 1.–4. Klasse
Gruppengröße: die ganze Klasse

Pädagogischer Schwerpunkt: Planen eines Einkaufs; sich vom Angebot nicht verführen lassen; selbständiges Handeln üben; das breite Angebot von Gemüse und Obst kennenlernen; nach Geruch und Aussehen unterscheiden lernen

Anleitung:

Sie wollen mit Ihren Schülern die verschiedenen Gemüse- und Obstsorten besprechen; hierzu eignet sich ein Besuch auf dem Wochenmarkt und das spätere gemeinsame Verzehren der eingekauften Ware hervorragend, weil so der „Lehrinhalt" auch sinnlich wahrgenommen werden kann.

Als erstes stellen Sie mit den Schülern die Einkaufsliste zusammen. Die Kinder sollen aufzählen, welche Gemüse- und Obstsorten sie kennen und sagen, welche davon sie gerne essen.

Ergänzen Sie den Einkaufszettel, wenn noch wichtige einheimische Sorten fehlen.

Ausgerüstet mit der Einkaufsliste und vielen Taschen gehen oder fahren Sie zum nächsten Wochenmarkt.

Das Einkaufsgeld könnte z.B. aus der Klassenkasse genommen werden. Zunächst gehen Sie über den ganzen Marktplatz, ohne etwas zu kaufen, damit sich die Kinder in Ruhe alle Stände genau ansehen können. Schließlich holen Sie oder ein Kind die Einkaufsliste aus der Tasche und zählen noch einmal auf, was eingekauft werden soll. Die Kinder können nun abwechselnd entscheiden, wo die Tomaten, Gurken, Äpfel usw. erstanden werden.

Jedes Kind sollte selbständig etwas kaufen und das jeweilige Obst oder Gemüse in der eigenen Tasche zur Schule tragen. Tomaten beispielsweise können von verschiedenen Kindern, am besten auch an verschiedenen Ständen, gekauft werden. So ist jedes Kind an dem Einkauf beteiligt und trägt ein Stück Verantwortung.

Zurück im Klassenzimmer werden die eingekauften Lebensmittel ausgepackt und auf einen Tisch gelegt. Es wird mit der Einkaufsliste verglichen, ob man alles bekommen hat bzw. was fehlt.

Bei den fehlenden Sorten sollte überlegt werden, ob es sie auf dem Markt nicht gab (z. B. Erdbeeren im Winter oder Mangos, die in einem fernen Land wachsen) oder ob die entsprechende Ware einfach vergessen wurde.

Am Ende dieser Unterrichtseinheit sollten alle eingekauften Gemüse- und Obstsorten nach dem Aussehen (klein, groß, gelb usw.), der Konsistenz (weich, hart, rauh usw.) und dem Geruch (süßlich, streng usw.) charakterisiert worden sein.

Fortsetzung:
In einer weiteren Unterrichtseinheit können mit der gekauften Ware Gemüse- und Obstplatten angerichtet und Saucen zubereitet werden.
(Lutze-Krumbiegel/Cleve, 1995, S. 24f.)

Naschen
Der übermäßige Genuss von zuckerhaltigen Süßwaren ist bei uns zu einer weit verbreiteten Form der Fehlernährung geworden. Im Leben vieler Grundschulkinder nehmen Süßigkeiten eine große Bedeutung ein. Manche Kinder entwickeln dabei ein nahezu unwiderstehliches Verlangen nach Süßem: „Bei realistischer Einschätzung der vorherrschenden Konsum- und Ernährungsgewohnheiten, der Vielfalt des Angebots sowie der gezielten Werbe- und Absatzstrategien der Industrie dürfte kaum daran zu denken sein, durch präventive Maßnahmen zu einer schnellen und drastischen Einschränkung des Süßwarenkonsums zu gelangen" (Bundeszentrale für gesundheitliche Aufklärung, 2002, S. 16). Suchtpräventiver Unterricht in der Grundschule kann zumindest einen reflektierteren Umgang mit Süßigkeiten anstreben. Dabei sollten die folgenden Ziele im Vordergrund stehen:

- Die Grundschulkinder sollen sich bewusst machen, in welchen Situationen sie Süßigkeiten zu sich nehmen und welche Funktionen Süßigkeiten für sie haben können.
- Die Kinder sollen Alternativen zum Süßwarenverzehr entwickeln.

- Die Kinder sollen erfahren, welches gesundheitliche Risiko mit übermäßigem Süßwarenkonsum verbunden ist.
- Die Kinder sollen die Bedeutung regelmäßiger und gründlicher Zahnpflege erkennen.

In den Lerneinheiten für die Klassen 1 und 2 geht es hauptsächlich um Gefühle und Empfindungen beim Naschen sowie um die Erkundung des eigenen Süßwarenkonsums.

Außerdem sollte vermittelt werden, wie schädlich zuckerhaltige Süßwaren sind und wie Alternativen aussehen. Die Schüler der Klassen 3 und 4 sollen sich mit der Frage beschäftigen, ob und wie der Kauf von Süßigkeiten „froh" macht und welche Probleme beim Umgang mit Süßigkeiten auftreten können. In projektorientierten Unterrichtsvorhaben können das Süßwarenangebot in Supermärkten untersucht und eine Schulpause mit Spielen und zuckerfreien Leckereien gestaltet werden.

Literaturhinweis:

Karl-Adolf Noack/Karlheinz Kollehn/Wolfgang Schill: Thema: Naschen (Hrsg. Bundeszentrale für gesundheitliche Aufklärung), Köln

Zucker – und wo er sich überall versteckt

Dauer: zwei Unterrichtsstunden
Altersgruppe: 1.–4. Klasse
Materialien: Zuckerhaltige Getränke und Süßigkeiten
Gruppengröße: die ganze Klasse

Pädagogischer Schwerpunkt:
Die Kinder erkennen, dass sie täglich viel Zucker essen. Sie erfahren, dass Lebensmittel und Getränke aus vielen für sie unsichtbaren Substanzen bestehen, dass diese auch nicht mit genauer Mengenangabe auf der Packung stehen.

Anleitung:
Die Lehrerin/der Lehrer bringt ein Glas Kristall und ein Glas Würfelzucker mit in die Schule. Die Schüler erraten natürlich schnell, dass es sich um Zucker handelt. Jedes Kind wird ermuntert, zu erzählen, wann und wie viel Zucker es pro Tag isst.

Die zu erwartenden Antworten:
„Morgens einen Teelöffel voll in meinen Tee oder in die warme Milch, manchmal streue ich mir den Zucker auch auf mein Butterbrot."
Einige Kinder werden sagen, dass sie keinen Zucker essen und meinen den Zucker, den sie unmittelbar sehen können.
In dieser Unterrichtseinheit soll den Schülern gezeigt werden, dass sich Zucker nicht nur in Süßigkeiten, sondern auch in vielen anderen Nahrungsmitteln und

Getränken versteckt. Um das deutlich zu machen, ist ein Arbeiten mit Vergleichen sehr günstig.

Beispiele:

Eine 100 g Tafel Schokolade besteht aus 60 g Zucker oder ca. 20 Stückchen Würfelzucker, die z. B. direkt auf die Tafel gelegt werden können.

Übrigens: Kinderschokolade oder Joghurtschokolade enthält genauso viel Zucker (ca. 50 g).

In einem kleinen Becher Fruchtjoghurt sind zwei Stückchen Würfelzucker enthalten. Legen Sie zwei Stücke in diesen kleinen Becher und zeigen Sie den Kindern, wie sehr er davon gefüllt ist.

Bringen Sie eine volle Dose kakaohaltigen Getränkepulvers und eine gleiche leere Dose mit. Füllen Sie im Beisein der Kinder die leere Dose mit der gleichen Menge Zucker, die in dem Getränkepulver enthalten ist; es sind ca. 80 Prozent, so dass dieses Pulver eigentlich „zuckerhaltiges Getränkepulver" genannt werden müsste.

Ähnlich verhält es sich mit Instant-Teegetränke; diese müssten „Instant-Zuckergetränke" heißen, denn sie bestehen zu ca. 95 Prozent aus Zucker. Solche Vergleiche lassen sich mit noch vielen anderen Nahrungsmitteln und Getränken durchführen:

- Nuss-Nougat-Creme enthält 45 Prozent Zucker
- Marmelade hat 60 Prozent Zucker
- Fertigmüsli-Mischungen enthalten 25 Prozent Zucker
- Limonaden und Cola-Getränke haben ca. 130 g Zucker pro Liter.

Die Kinder erkennen, dass sie morgens nicht eine Tasse Milch mit einem Löffel Kakaopulver trinken, sondern eine Tasse mit einem 3/4 Löffel Zucker und nur ein wenig Kakao. Ihnen wird bewusst, dass sie nicht Joghurt mit Früchten essen, sondern Zucker mit etwas Joghurt und ganz wenig Früchten usw.

Fortsetzung:

In weiteren Lerneinheiten wird besprochen, warum der Zucker für unseren Körper nicht gut ist, welche Alternativen es zu den fertigen Getränkemischungen, Fruchtjoghurts usw. gibt und dass anstelle von Schokolade oder Bonbons der Hunger auf etwas Süßes auch mit einer Rosinen-Nussmischung oder einer Bananenmixmilch gestillt werden kann.

Lernziele:

Die Schüler

- lernen, dass süße Getränke den Durst nicht löschen, sondern das Verlangen nach immer mehr fördern
- erfahren, dass Getränke auch sättigend wirken, einen hohen Nährwert haben, aber auch energiereich sind

- lernen den Umgang mit verschiedenen Lebensmitteln und Haushaltsgegenständen
- werden zu mehr Selbständigkeit angeregt.

(Lutze-Krumbiegel/Cleve, 1995, S. 30f.)

9.4.2.5 Sozialverhalten – Soziale Integration

Mit dem Schulbeginn tritt das Kind endgültig über den engeren Rahmen der Familie hinaus und geht neue Beziehungen mit den Klassenkameraden ein. Das sind qualitativ andere Kontakte als die bisher gewohnten zu den Spielgefährten der Kindergartenzeit. Das gemeinsame Lernen in der Klasse nötigt das Schulkind zur Unterordnung seiner persönlichen Wünsche und zur individuellen bzw. gemeinsamen Bewältigung von Aufgaben und Schwierigkeiten. Die Kinder müssen lernen sich aufeinander einzustellen, Regeln einzuhalten, eigene Ideen und Interessen angemessen einzubringen, mit Enttäuschungen und Einschränkungen fertig zu werden. Das bringt für alle Schüler mitunter große soziale Herausforderungen mit sich. In dem Maße, wie sich das Bewusstsein der Zusammengehörigkeit der Klasse herausbildet, wächst das Bemühen, in der Klasse eine bestimmte Position einzunehmen und bei den Klassenkameraden Anerkennung und Achtung zu gewinnen Kinder in diesem Alter müssen ihre eigene Position im Umgang mit anderen noch finden und festigen. Sie verfügen noch nicht über die soziale Routine, die ihnen hilft, Diskrepanzen zwischen eigenen Bedürfnissen, Vorstellungen und Erwartungen und dem tatsächlichen Verhalten anderer selbstsicher zu verarbeiten. Ihre Bedürfnisse nach emotionaler Zuwendung und Sicherheit machen sie empfindsam für Enttäuschungen und Ablehnungen. Bereits in der Grundschule „enden Konflikte häufiger mit Sieger- und Verlierergefühlen als mit Lösungen, die von allen Beteiligten akzeptiert werden" (Bundeszentrale für gesundheitliche Aufklärung, 2002, S. 8). Kinder erleben in ihren Gruppen (Peers, Vereine usw.) und besonders in ihren Schulklassen, häufig schwerwiegende soziale Probleme: „Circa 10 Prozent werden von den anderen abgelehnt, und ca. 5 Prozent – das sind 1 bis 2 Schüler pro Klasse - werden von den Mitschülern systematisch schikaniert" (a. a. O., S. 52). Zunehmend werden den Kindern auch die schulischen Leistungen und die Verhaltensweisen der verschiedenen Mitschüler bewusster. Dadurch entsteht die Grundlage für eine Rangordnung des sozialen Ansehens innerhalb der Klasse. Durch die Art und Häufigkeit der Kontakte zwischen den Schulkindern kommt es zu Freundschaften, Untergruppen, Rollenverteilung (Führer, Mitläufer, Außenseiter usw.), Sympathie und Antipathie.

Ein Unterricht, der den Schülern hilft, soziale Kompetenz zu fördern, ist die Voraussetzung dafür, dass ein Kind Konflikt- und Kooperationsfähigkeit sowie Selbstwert- und Zugehörigkeitsgefühl innerhalb der Klasse entwickeln kann, was u. a. bedeutet:

- Mir wird hier zugehört.
- Ich kann in vielen Bereichen zeigen, was ich kann.
- Ich werde gebraucht.
- Ich kann mich nützlich machen.
- Ich kann etwas herausfinden.
- Ich bin für etwas verantwortlich.

Ich gehöre dazu (vgl. von Katzler, 1995, S. 76).

Die Grundschule kann hinsichtlich der Förderung des Sozialverhaltens dazu beitragen, dass Schülerinnen und Schüler bereits hier „die eigene Verantwortung für die Qualität des sozialen Miteinanders erfahren und lernen" (BZgA, 2002, S. 4). Eine Schule, in der ein angemessener Umgang mit anderen erlebt und erlernt werden kann, unterstützt die soziale Entwicklung des Kindes und wirkt damit auch gegen die Zunahme von Aggression und Rücklosigkeit.

Der Morgenkreis

Dauer: ca. 20–30 Minuten
Altersgruppe: 1.–4. Klasse
Gruppengröße: die ganze Klasse

Pädagogischer Schwerpunkt: Entwicklung von Selbstbewusstsein, Toleranz anderen gegenüber, Schaffen einer Atmosphäre, in der sich jeder wohlfühlen und gut arbeiten kann

Anleitung:

Als Regel gilt: Wer drankommen möchte, meldet sich. Der Reihe nach übernimmt jeder einmal die Leitung. Ganz wichtig ist es, dass die Kinder im Stuhlkreis sitzen, um sich beim Sprechen zu sehen und sich nah zu sein. Fehlt der Platz, können als Sitzgelegenheiten auch Kissen genommen werden.

Nach der Begrüßung durch das leitende Kind wird geklärt, wer fehlt und ob jemand etwas von diesen Kindern weiß. So haben alle Kinder die Gewissheit, dass ihre Abwesenheit bemerkt wird, wenn sie einmal krank sind und im Morgengespräch an sie gedacht wird.

Dann folgt eine Erzählrunde, in der die Kinder z. B. Ereignisse vom Wochenende, vom Vortag oder vom Schulweg berichten. Da häufig die Familie und das häusliche Leben Thema sind, lernen die Kinder sich mit der Zeit immer besser kennen. Durch eigene Beiträge oder Kommentare kann die Lehrerin/der Lehrer eine Atmosphäre schaffen, in der keine Abweichungen und auch Besonderheiten einzelner Kinder nicht nur toleriert, sondern immer wieder gewürdigt werden. Gibt es in einer Klasse Kinder, die sich selten oder nie zu Wort melden, ist es oft hilfreich, ihnen etwas „in die Hand" zu geben, um die Schwellenangst zu überwinden, z. B.:

- ein Tagebuch, in das der Reihe nach eingeschrieben und aus dem vorgelesen wird,
- ein Bilderbuch, das mit Bildern beklebt ist, zu denen die Kinder Geschichten schreiben,
- ein Fotoalbum, in das Fotos aus dem Leben der Klasse geklebt sind, die die Kinder kommentieren,
- ein Bilderbuch mit einzelnen Wörtern oder ganz kurzen Texten, die die Kinder bebildern,
- von den Kindern mitgebrachte Dinge, wie Kuscheltiere, Bücher, gefundene Gegenstände usw., die sie den anderen vorstellen.

Der Morgenkreis dient auch dazu, den Arbeitstag vorzubereiten und zu besprechen (von Katzler, 1995, S. 77f.).

Der Schlusskreis

Dauer: ca. 10 Minuten
Altersgruppe: 1.–4. Klasse
Gruppengröße: die ganze Klasse

Pädagogischer Schwerpunkt: Festigen des Zusammengehörigkeitsgefühls in der Klasse, Entwicklung der Fähigkeit, die eigene Leistung/fremde Leistungen einzuschätzen, sich daran zu freuen und daraus Kraft zu schöpfen

Anleitung:

Sicherlich ist es nicht möglich, jeden Tag einen Schlusskreis durchzuführen, aber er sollte doch öfters stattfinden, damit sich die Klasse am Ende des Unterrichtstages noch einmal zusammen setzt. Hier können dann einzelne SchülerInnen z. B. ihre Arbeiten vom Tag den anderen vorstellen (Texte, Bilder, Bastelarbeiten usw.). Kinder, die sich nicht trauen, sollten unterstützt werden, indem man schon vorher mit ihnen zusammen bespricht, über was sie berichten könnten. Es hilft auch meist, wenn diese Kinder gemeinsam mit anderen etwas vorstellen. Wenn noch Zeit zur Verfügung steht, kann auch aus einem Kinderbuch vorgelesen werden (vgl. von Katzler, 1995, S. 78f.).

Die freundlichen 10 Minuten

Wenn die Atmosphäre in der Klasse unangenehm bzw. gespannt ist, kann es ratsam sein, ein Ritual einzuführen, das Gelegenheit für eine achtungsvolle und freundliche Kommunikation schafft. Damit besteht die Möglichkeit z. B. eine unfreundliche Beschwerde- und Kritikstimmung abzubauen.

Vorschlag für die Einführung durch die Lehrerin/den Lehrer:

„Liebe Kinder,
ich schlage euch vor, so genannte freundliche 10 Minuten einzuführen. In diesen 10 Minuten könnt ihr alles sagen, was euch freut, was ihr gut an euren Mit-

schülern findet und was euch gefallen hat. Kritik und Beschwerden sollen in diesen 10 Minuten nicht vorkommen.

Folgende Regeln möchte ich vorschlagen:

- Wir sprechen nur über Gutes und Freundliches.
- Wir hören gut zu und genießen es, wenn über uns etwas Schönes gesagt wird.
- Kritik, Beschwerden und Schwieriges werden an anderer Stelle geäußert.

Falls die Kinder am Anfang Schwierigkeiten beim Formulieren haben, helfen Satzanfänge, die auch auf einem Plakat oder an der Tafel stehen können:

- Heute hat mich besonders gefreut, dass ...
- Ich möchte mich bei ... dafür bedanken, dass ...
- Schön fand ich gestern, dass ...
- Im Pausenhof habe ich beobachtet, wie ...

Streitschlichtung

Im Klassenzimmer, auf dem Pausenhof oder auf dem Schulweg brechen immer mal wieder Konflikte und Streitigkeiten zwischen Kindern aus. Da die beteiligten Kinder manchmal bei der Findung von zufriedenstellenden Regelungen überfordert sind, bietet sich als Lösungsansatz eine klasseninterne Mediation an. Dieses Vorgehen beinhaltet die Vermittlung zwischen den Konfliktparteien unter Einbeziehung von unparteiischen Schülern. Zuerst sollten die Schüler einer Klasse einen für Grundschulkinder geeigneten Ansatz der Streitschlichtung kennenlernen. Je nach Fähigkeit und Akzeptanz in der Klasse übernehmen dann einzelne Schüler die Funktion des Streitschlichters. Im Wesentlichen geht es dabei um folgende Ziele:

- Fähigkeit der Schüler zu fördern, Konflikte selbständig zu lösen,
- Gewalt vorzubeugen
- Konflikte in der Klasse nicht eskalieren zu lassen,
- Prinzipien der Mediation in Grundzügen zu vermitteln,
- Lehrerinnen und Lehrer von der Regelung kleiner, aber zeit- und kraftraubender Streitereien und Konflikte zu entlasten (vgl. Bundeszentrale für gesundheitliche Aufklärung, 2002, S. 23).

Ein wichtiges Lernziel in der Grundschule lautet, dass Kinder lernen sollen, ihre Konflikte in angemessener Weise selbst zu lösen (z. b. durch Verhandeln mit dem „Gegner"). Ziel des pädagogischen Bemühens muss es auch sein, dass ein Konflikt nicht durch das Recht des Stärkeren „gelöst" wird. Damit Konflikte z. B. wegen gegensätzlichen Interessen und Bedürfnissen nicht als Machtkampf ausgetragen werden, ist es notwendig, dass die beteiligten Schüler sich um befriedigende Kompromisse bemühen. Bei länger andauernden, heftigeren Formen des Konflikts, die zu eskalieren drohen, ist meist die Hilfestellung der Lehrerin/des Lehrers erforderlich. Sie können durch differenzierte und präzise Beobachtung erkennen, wo die Ursachen des Konflikts liegen und somit einen passsenden

Ansatz zur Bearbeitung und Lösung des Konflikts finden. Als Vorgehensweise für eine faire Konfliktregelung bietet sich ein Konfliktgespräch in der Klasse an, wobei folgende Schritte beachtet werden müssen (vgl. Schwäbisch/Siems, 1988 und Berner, 1983):

1. Benennung des Problems

   Allen Schülern der Klasse müssen die Probleme bekannt sein. Entweder legt die Lehrkraft ihre Sicht des Problems dar oder Schüler berichten davon, was sie in der Klasse stört.

2. Klärung der verschiedenen Meinungen, Interessen und Bedürfnisse

   Alle Schüler sollen die gegenwärtige Situation aus ihrem Blickwinkel darstellen und ihre Standpunkte, Wünsche, Interessen und Bedürfnisse offen legen.

3. Bestimmung gemeinsamer Ziele und Interessen

   In der Klasse wird überlegt, ob und welche gemeinsamen Ziele und Interessen bestehen. Dies soll eine totale Frontstellung vermindern und eine gemeinsame Grundlage für die weitere Vorgehensweise bewirken.

4. Formulierung von Wünschen

   Alle Beteiligten nennen ihre Wünsche und Forderungen, womit der Konflikt durch die Formulierung der unterschiedlichen Interessen an Überschaubarkeit gewinnt. Die Wünsche sollen konkret bedürfnisorientiert und ichbezogen ausgedrückt werden, damit die anderen auch Stellung dazu nehmen können.

5. Sammlung von Lösungsvorschlägen

   Gemeinsam werden Lösungsmöglichkeiten zusammengetragen, die nicht sofort bewertet werden dürfen („Brainstorming"). Die Lehrkraft soll dabei jeden Schüler, insbesondere schwächere, zu Vorschlägen anregen.

6. Verhandeln und entscheiden

   - Alle Schüler überlegen gemeinsam, welche Vorschläge sinnvoll und durchführbar sind. Die Lösungen werden ausgesondert, die für einen oder mehrere Beteiligte nicht annehmbar sind.
   - Alle Schüler überlegen gemeinsam, welche Vorschläge sinnvoll und durchführbar sind und suchen darunter diejenigen Lösungen heraus, die die meisten der gestellten Forderungen erfüllen.
   - Alle Schüler führen eine Einigung auf einen Lösungsvorschlag herbei, der alle zufriedenstellt und der über eine festgesetzte Zeit erprobt werden muss. Die faire Konfliktlösung sollte beinhalten, dass es keine „Sieger" und „Besiegte" gibt.

7. Kontrolle des Ergebnisses

   Eine gelegentliche Nachprüfung ist sinnvoll und notwendig. Alle Schüler können nochmals gemeinsam darüber reflektieren, ob die Lösung richtig und praktikabel ist und beibehalten werden kann. Wenn es keine zufriedenstellende Lösung gegeben hat, sollte ein erneuter Lösungsversuch (eventuell nach einer „Denkpause"), vielleicht unter Hinzuziehung eines außenstehenden „Neutralen", angestrebt werden.

Rollenspiele

Mögliche Themen:

- Ein Kind wird von anderen Kindern drangsaliert.
- Ein zugezogenes Kind hat Probleme, neue Freunde zu finden.
- Ein Kind soll von anderen Kindern zum Stehlen, Rauchen usw. verführt werden und weiß nicht, wie es sich dem entziehen soll.

Die Rollenspiele können auch ohne Lösung mit einem offenen Ende vorgestellt werden. Nach den Rollenspielen wird in der Klasse darüber gesprochen:

- Was glaubt ihr, wie es weitergeht?
- Habt ihr schon einmal etwas Ähnliches erlebt?
- Was hätte „X" anders/besser machen können?
- Hat „Y" richtig gehandelt? Warum?

Kooperation: Haus-Baum-Hund

- Je zwei Schüler nehmen gegenüber an einem Tisch Platz und haben ein leeres DIN-A 4-Blatt und einen Stift vor sich liegen.
- Instruktion: „Nehmt ohne zu sprechen, den Stift gemeinsam in die Hand und zeichnet gemeinsam ein Haus, einen Baum und einen Hund."
- „Unterschreibt das Bild jetzt gemeinsam, auch wiederum ohne miteinander zu sprechen, mit einem Namen."

Diese Übung fördert die Kooperation auf non-verbaler Basis und eignet sich außerdem für das „Warming-up" und zur Auflockerung.

Schneeturm-Team

Die Klasse wird in Kleingruppen von vier bis sechs Schülern aufgeteilt. Die Aufgabe besteht darin, auf einer mit Schnee bedeckten Fläche innerhalb von fünf bis zehn Minuten einen möglichst hohen Turm aus Schneebällen zu errichten. Sobald der Turm über die Köpfe der Schüler gewachsen ist, gilt es durch gegenseitige Hilfestellung noch höher zu kommen (Räuberleiter, Huckepack ...). Welche Gruppe baut den höchsten Turm?

Flussüberquerung

Immer drei oder vier Kinder spielen zusammen. Sie stehen am Ufer eines tiefen Flusses (an einer Seite des Raumes) und haben nur einen Stuhl und zwei bzw. drei Waschlappen zur Verfügung, auf denen sie sich fortbewegen können, um ans andere Ufer des Flusses zu gelangen. Jede Gruppe muss alle ihre Mitglieder unversehrt ans andere Ufer bringen, ohne dabei den Boden direkt zu berühren.

Ball wandern lassen

Im Sportunterricht kann z. B. die folgende Aufgabe gestellt werden:

Die Kinder stehen verteilt um das gespannte Schwungtuch herum. Sie sollen durch Heben und Senken des Tuches versuchen, einen Ball hin und her, oder später am Rand des Tuches herumwandern lassen.

Wir einigen uns

Ziel: Sich in der Kleingruppe auf eine gemeinsame Lösung einigen

Aufgabe: Wir machen Urlaub und fahren an den Bodensee

Die zehn folgenden Dinge sollen in einer Liste ihrer Wichtigkeit sortiert werden:

Badezeug, Handy, Stift und Papier, ein interessantes Buch, CD-Player, Geld, Sonnenbrille, Spielsachen, Fußball, Essen.

Jeder sortiert erst einmal für sich nach seiner Rangordnung (auf ein Blatt Papier). Danach werden die Ergebnisse in einer Kleingruppe verglichen und eine Gruppenliste erstellt. Zum Schluss kann noch versucht werden, eine Klassenliste zu erstellen.

Drei Leute mit drei Füßen

Die Klasse wird in Dreier-Gruppen aufgeteilt. Jede Dreier-Gruppe soll eine bestimmte Strecke gemeinsam gehen. Einzige Bedingung: Es dürfen nie mehr als drei Füße gleichzeitig den Boden berühren.

Den anderen etwas Gutes tun

„... hat heute Geburtstag (oder: „... hat heute das große Los gezogen"). Lasst uns für sie/ihn etwas Gutes tun. Wir schicken sie/ihn kurz vor die Tür und beraten, was wir machen."

Im Mittelpunkt zu stehen, von anderen etwas Gutes oder Schönes zu bekommen, kann für ein Kind sehr hilfreich sein. Die gemeinschaftlich entwickelte Idee könnte jedes Mal, abhängig von den jeweiligen Umständen, einen anderen Inhalt oder eine andere Form haben. Mal ist es ein Lied, eine Massage, anerkennende Worte, ein Spiel, ein Bild, durch den Raum getragen werden usw.

Körperkontaktspiele

Mit Hilfe dieser Übungen können das Vertrauen zwischen den Kindern aber auch die Entwicklung des individuellen Körpergefühls gefördert werden. Zur Umsetzung eigenen sich diese Spiele besonders im Sportunterricht.

Schoßsitzen

Alle Schüler stehen im Kreis und gehen in kleinen Schritten in Richtung Mittelpunkt, bis sie so eng wie nur möglich zusammenstehen. Dann drehen sie sich um eine Vierteldrehung auf eine Seite und gehen langsam in die Knie, bis sie auf Schenkeln oder Knie des Schülers hinter ihnen zu sitzen kommen. Wenn der Kreis im Sitzen stabil ist, können alle gleichzeitig versuchen, den äußeren Fuß einen kleinen Schritt nach vorne zu setzen. Dann den inneren Fuß, dann den äußeren. Am Schluss fällt der Kreis meist in sich zusammen.

Pizzabäcker

Der Pizzabäcker streut das Mehl auf dem Rücken des Partners aus, verrührt es mit Öl und Eiern, knetet langsam und sorgfältig den Teig. Dann streicht er die Masse aus, belegt sie mit Schinken, bestreicht sie mit Tomatensoße, verteilt Pilze und andere Zutaten, würzt sie mit Salz, Pfeffer und anderen Gewürzen.

Alle diese Backvorbereitungen werden mit verschiedenen Handbewegungen begleitet wie Streichen der Schulterblätter mit den Handflächen, Kneten und Trommeln mit den Fingern, bis zum Schluss der Käse aufgelegt wird und die Pizza in den Ofen kommt.

Klebetanz

Die Schüler tanzen paarweise zu einer ruhigen Musik durch den Raum. Auf ein Kommando sollen die Paare mit Körperteilen ihrer Wahl „zusammenkleben" (z. B. die Nasenspitzen, die Stirn). Dabei ist es wichtig, dass es immer der jeweils gleiche Körperteil ist. Die Schüler probieren mehrere Varianten aus.

Eisscholle

Abenteuerlustige Eskimokinder machen sich mit einem Eisfloß auf den Weg in den Süden. Sie treiben durch das Meer. Je näher sie ihrem Ziel entgegen treiben, desto kleiner wird ihre Insel. Da alle Kinder das Festland erreichen wollen, müssen sie immer enger aneinander- und über einander rücken, bis die Eisscholle unter ihnen weggeschmolzen ist und sie sich nicht mehr halten können. In diesem Moment haben sie ihr Ziel erreicht. Die Eskimos stehen in einem Kreis, der durch ein Seil begrenzt ist. Ein Spielleiter erzählt von den Reiseabenteuern und zieht den Kreis nach jedem Zusammenrücken der Kinder enger.

Knoten

Alle stehen im Kreis, fassen sich an den Händen und verknoten sich zu einem ganz dichten Knäuel. Anschließend soll der Knoten wieder entwirrt werden, ohne dass die Hände losgelassen werden.

Beziehungsklärung: Die Gruppe mit mir (Seeger, 1995, S. 8)

Ziele:

Die Kinder sollen lernen, sich über ihre Beziehungen Rückmeldungen zu geben und Beziehungsstörungen durch Mitteilen und gegenseitiges Auseinandersetzen offen zu klären. Die Lehrerin/der Lehrer muss schützend eingreifen, wenn die Rückmeldung nicht mehr sachlich bleibt, sondern in Vorwürfe, Angriffe, Beleidigungen usw. auszuarten droht.

Übung:

Alle Kinder sitzen im Kreis, ein Stuhl steht in der Mitte. Darauf setzt sich ein Kind und bekommt dann von den anderen Rückmeldung zu drei Fragen:
- Was mag ich an Dir?
- Was stört mich an Dir?
- Was wünsche ich mir von Dir?

Danach kann das Kind, das zugehört hat, seinem Gegenüber zu den gleichen Fragen Rückmeldung geben.

Anregungen zur Aufarbeitung:
- Wie erging es jedem in den beiden unterschiedlichen Rollen?
- Haben sich neue Sichtweisen der eigenen Person ergeben?
- Haben sich durch die Übung Möglichkeiten für ein verändertes Miteinander-Umgehen ergeben?
- Welche konkreten Vereinbarungen können getroffen werden, um eine Beziehungsveränderung zu erreichen?

Literaturhinweis:

Kahlert, J./Sigel, R. u.a.: Achtsamkeit und Anerkennung – Materialien zur Förderung des Sozialverhaltens in der Grundschule (Hrsg. Bundeszentrale für gesundheitliche Aufklärung), Köln

9.4.2.6 Gefühle

Die Gefühle spielen eine wichtige Rolle im Leben eines Kindes, denn sie begleiten seine täglichen Erfahrungen und Erlebnisse und bilden auch eine Motivation für seine Handlungen. Jedes Kind besitzt von seiner Geburt an die Fähigkeit, sowohl angenehme als auch unangenehme Gefühle zu zeigen. Welche davon überwiegen, wird stark durch das Milieu beeinflusst, in dem das Kind aufwächst und durch seine Beziehung zu den Menschen seiner Umgebung. Gefühle wirken sich entscheidend auf das kindliche Verhalten aus, denn sie können eine bestimmte Handlung auslösen und lenken, aber sie können auch Verhalten blockieren und zu Passivität führen.

Auch im Grundschulalter sind Gefühle bei den Kindern allgegenwärtig. Wut, Trauer, Freude und Angst sind z. B. Gefühle, die Kinder empfinden. LehrerInnen können den Kindern in den jeweiligen Situationen helfen, mit kindlichen

Gefühlen umzugehen. Kinder erfahren dadurch, dass ihre Gefühle anerkannt werden. Der Umgang mit Gefühlen erfordert eine gewisse sprachliche Ausdrucksfähigkeit, die mithilfe von Gesprächen, Geschichten, Gedichten, Bildbeschreibungen und Liedern gefördert werden kann. Hierzu können folgende Anregungen für die Unterrichtsgestaltung verwendet werden:

Gute und schlechte Gefühle
Impuls: Manchmal geht es einem richtig gut. Man ist zufrieden. Ein Wunsch wurde erfüllt oder jemand hat Dir gesagt, dass er Dich mag und gut findet.
Kannst Du Wörter dafür finden, wie Du Dich dann fühlst?
- Die Wörter können in Einzel-, Partner- oder Gruppenarbeit gesammelt werden.
- Anschließend werden die Wörter in der Klasse zusammengetragen.
- Auf einem Plakat werden die am besten passenden Wörter für „gute Gefühle" fest gehalten.
- Das Plakat kann laufend ergänzt werden.

Impuls: Manchmal geht es einem schlecht. Man ist unzufrieden. Jemand hat gesagt, er findet Dich blöd. Du darfst in der Pause nicht mitspielen. Man hat Dich ausgelacht, weil Du einen Fehler gemacht hast.
Kannst Du Wörter dafür finden, wie Du Dich dann fühlst?
Vorgehensweise wie oben.

Punkt, Punkt, Komma, Strich (Theurich-Luckfiel/Jauke-Bartsch, 1995, S. 115)
Jedes Kind erhält drei Pappquadrate 15 x 15 cm mit einem schwarzen Kreis von 11 cm Durchmesser. Die Kinder zeichnen in jeden Kreis stark vereinfacht einen bestimmten Gesichtsausdruck: Freude, Wut, Trauer und schreiben auf den unteren Rand sichtbar ihren Namen.
In der Klasse wird eine Wäscheleine gespannt und jedes Kind hängt morgens in Abhängigkeit von der eigenen Stimmung „sein Gesicht" auf. Im Laufe des Vormittags kann je nach Stimmungslage das „Gesicht" ausgetauscht werden.

Gefühlsgesichter
- Die Schüler sollen aus Zeitschriften und Zeitungen Gesichter mit unterschiedlichem Gefühlsausdruck ausschneiden.
- Die Abbildungen werden der Reihe nach hochgehalten und die zum Ausdruck gebrachten Gefühle benannt.
- Jeder Schüler sucht sich ein Gefühlsgesicht heraus und erzählt eine Geschichte dazu, z. B. „Was könnte dieser Mensch erlebt haben?" „Wie fühlt er sich?" „Warum fühlt er sich so?"
- Zum Schluss erstellen die Schüler in Gruppen Collagen: Die eine Hälfte soll solche Bilder nehmen, auf denen sich die Menschen schlecht fühlen, die andere solche Bilder, auf denen sich die Menschen gut fühlen.

Gefühle raten

Die Kinder sitzen im Kreis. Einzelne Freiwillige erhalten einen Zettel auf dem ein Gefühl steht. Die Schüler sollen nun der Reihe nach das jeweilige Gefühl vorspielen, die restlichen Kinder sollen es erraten.

- Ich freue mich!
- Ich bin traurig!
- Ich bin mutig!
- Mir ist schlecht!
- Ich habe Angst!
- Ich bin alleine!
- Ich wehre mich!
- Ich schmuse!
- Mir tut das weh!
- Ich weine!
- Ich bin so wütend!

Die Geschichte „Lisa ist traurig" (vgl. Windisch, 2000, S. 21)

Heute fing für Lisa der Tag schon ganz anders an. Alles ging viel langsamer als sonst, das Aufstehen, Frühstücken und Zähneputzen. Alles fiel ihr schwer, dabei war es eigentlich ein Tag wie jeder andere. Aber Mama drängelte ständig, hetzte hin und her und schickte sie mit einem hastigen Kuss und den Worten „Beeil dich!" fort.

Natürlich war es auf dem Weg zur Schule langweilig. Alle waren schon weg. Jetzt musste sich Lisa aber wirklich beeilen, denn nach dem Klingeln sind alle Kinder im Klassenzimmer und sie wollte doch pünktlich sein. Aber der Schulhof war schon leer, alle waren weg. Mit einem komischen Gefühl im Bauch stapfte sie schwer die Treppen hoch. Leise klopfte sie an die Tür, drückte die große Klinke herunter und schlich an ihren Platz. Die Lehrerin zwinkerte ihr zu und begrüßte sie unauffällig. Sie schimpfte nicht, denn Lisa kam sonst nie zu spät.

Die Aufgaben in der Schule waren eigentlich gar nicht schwer, aber Lisa machte einen Fehler nach dem anderen. Da fehlte ein Buchstabe, dort verrutschte sie in der Zeile, und jetzt sagte Frau Stolz auch noch: „Komm, Lisa, fang noch mal von vorn an." Dicke Tränen stiegen ihr in die Augen, die Wörter fingen an zu wackeln, wie unter Wasser.

Es klingelte und Lisa wollte mit ihrer Freundin in die Pause. Aber heute war Ellen mit einer anderen Klassenkameradin schon vorausgegangen. Ellen entdeckte Lisa und machte sich mit ihrer Freundin über Lisa lustig: „Was hast du denn, du Heulsuse?"

Was sollte Lisa da sagen, sie wusste es doch selber nicht. Völlig aufgelöst und traurig setzte sie sich auf die Schulhaustreppe. Das Vesperbrot bleib ihr fast im Halse stecken und am liebsten wollte sie davonlaufen ...

Aus dieser Geschichte könnten folgende mögliche Arbeitsaufträge resultieren:
- Warum geht es Lisa heute schlecht?
- Was ist für Lisa schlimm?
- Wie könnte die Geschichte weitergehen?

Wut

Zu Beginn der Unterrichtsstunde wird das Bild eines wütenden Menschen betrachtet. Die Bildbetrachtung führt zu folgenden Fragen:
- Was seht ihr auf dem Bild?
- Warum ist der Mensch auf dem Bild so wütend?
- Wann werdet ihr wütend?
- Wie reagiert ihr, wenn ihr wütend seid?
- Kann man sehen, ob jemand wütend ist?

Die Antworten der Kinder werden gesammelt und besprochen. Einzelne Antworten können auch als Spielszenen dargestellt werden.

Dampf ablassen

Dauer: 10 Minuten
Ort: Turnhalle
Material: großer Weichboden, Matten

Aufgabenstellung:
Zwei Matten werden jeweils an zwei Halteschlaufen an je zwei Ringen befestigt und dann hochgezogen bis sie ca. 10 cm über dem Boden hängen. Der große Weichboden bleibt an der Wand stehen.

Die Kinder dürfen jetzt zwei Minuten lang mit voller Kraft gegen die hängenden Matten treten (Nicht boxen!) oder auf die Weichbodenmatte einschlagen so stark und lange sie wollen, dagegen springen oder –laufen. Sie dürfen dabei so laut sein, wie es ihnen gefällt.

Danach bespricht die Lehrkraft mit den Schülern das Erlebte:
- „Wie hat euch das gefallen?"
- „Woran habt ihr dabei gedacht?"
- „Seid ihr jetzt ruhiger als vorher?"
- „Was für andere Möglichkeiten fallen euch ein, wie man „Dampf ablassen" kann, ohne anderen zu schaden?" (vgl. Thomsen, 1995, S. 105).

Weitere Möglichkeiten des akzeptierten Abreagierens von Wut wären: Sandsack, Tanzen, Bewegungsspiele (z. B. Spiele wie New Games und Spiele ohne Verlierer), Bewegungsbaustelle, Musik (z. B. Trommeln).

Die folgenden, meist kurzen und bewegungsintensiven, Spielaufgaben können bei Kindern ebenfalls „Dampf" abführen:

- Hüpft wie Frösche.
- Bewegt euch wie Krebse.
- Macht euch Fratzen vor.
- Heult wie die Wölfe.
- Kriecht wie Regenwürmer.
- Fahrt mit einem Rennwagen durch die Gegend, ohne dass ihr euch berührt.
- Lacht so laut wie ihr könnt.
- Schreit so laut wie ihr könnt.
- Spielt verschiedene Musikinstrumente („Luft-Gitarre", „Luft-Schlagzeug" usw.).
- Tut so, als ob ihr eine Kissen- oder Schneeballschlacht macht.

Ausflug in den Urwald

Die Kinder ahmen verschiedene Tiere in ihren Bewegungen nach. Sie stampfen mit ihren Füßen wie die Elefanten, galoppieren wie die Zebras, schleichen wie die Löwen und Tiger, springen wie die Affen, kriechen wie die Schlangen usw. Außerdem können auch passende Tiergeräusche nachgeahmt werden: Die Schlangen zischen, die Löwen und Tiger brüllen, die Elefanten trompeten usw.

Ein Unwetter kommt

In diesem Spiel geht es darum, extreme Witterungsbedingungen nachzuahmen: Wind kommt auf – die Kinder pusten, zischen, pfeifen tief ...

Es tröpfelt – mit den Fingern wird langsam auf die Tischplatte geklopft. Der Regen wird stärker – die Finger klopfen immer schneller. Es gießt in Strömen – die Hände patschen auf die Tischplatte. Hagel setzt ein – die Fingerknöchel poltern auf den Tisch. Es donnert – die Fäuste und Stimmen der Kinder sind zu hören. Der Regen wird weniger – immer langsamer werdendes Trommeln der Finger, bis schließlich nichts mehr zu hören ist und alle fröhlich rufen: „Hurra, die Sonne scheint wieder!"

Ich bin nicht gut drauf!

Ziel: Akzeptieren lernen, dass es mir auch mal nicht so gut geht und wie ich damit umgehen kann.

Was hilft mir, dass ich mich besser fühle?

- Ich höre meine Lieblings-CD
- Ich besuche meinen Freund./Ich besuche meine Freundin.
- Ich rufe Oma an und erzähle ihr, wie es mir geht.
- ....

Was mache, wenn ...

ich mich ärgere	ich mich allein fühle	traurig bin
( ) Ich gehe in mein Zimmer	( ) Ich sehe fern	( ) Ich höre Musik
( ) Ich esse Schokolade	( ) Ich male ein Bild	( ) Ich spreche mit ...
( ) Ich telefoniere mit ...	( ) Ich lese ein Buch	( ) Ich spiele mit Teddy
( )	( )	( ) ....

Welche Lösungen findest du gut (+), welche nicht so gut (-)?

(Ministerium für Kultus, Jugend und Sport Baden-Württemberg, 1996, S. 46)

Freude

Zu Beginn der Stunde wird ein Bild von einem Menschen, der sich freut, gezeigt. Daraus ergeben sich folgende Fragen:

- Woran erkennt ihr, dass dieser Menschen sich freut?
- Warum freut ihr euch?
- Wie fühlt ihr euch, wenn ihr anderen eine Freude macht?
- Tut ihr manchmal Dinge, die ihr gar nicht wollt, nur um einem anderen Freude zu machen?

Das gemeinsam erarbeitete Ergebnis der letzten drei Fragen sollte sein:

- Freude kann man teilen, sie wird dadurch größer.
- Freude darf nicht zu Lasten des einen gehen. Man kann sich aber überzeugen lassen, dass etwas, was einem anderen Freude macht, auch für einen selbst gut ist (z. B. Hausaufgaben machen).

Eine Reise in das Land der Gefühle

Ziel dieser Übung ist es, dass eine weitere Auseinandersetzung mit Gefühlen stattfindet. Kinder sollen lernen Gefühle zu erkennen und auszudrücken.

Beschreibung:

Die Lehrerin/der Lehrer erzählt eine Geschichte mit Bewegungsaufforderungen und alle Kinder machen die Bewegungen mit und erfinden vielleicht noch einige neue dazu:

„Wir machen heute eine weite Reise in ein geheimnisvolles Land. Wir fahren lange, lange Zeit mit der Eisenbahn". – Die Kinder fassen sich in langer Reihe an und bewegen sich mit Zuck-Zuck-Geräuschen durch den Raum. – „Der Zug hält. Wir sind im Land der Freude. Die Menschen, die hier wohnen, sind immer froh und lustig. Sie freuen sich schon, wenn sie am Morgen aufstehen. Sie recken und strecken sich wollig, sie begrüßen uns lachend, sie hüpfen und springen, umarmen uns und tanzen mit uns, zu zweit, zu dritt, zu vielen im großen Kreis, kein Kind bleibt alleine ... Leider müssen wir weiter. Die Lokomotive pfeift schon. Wir steigen ein und fahren und fahren und fahren ... Plötzlich wird es finster. Der Zug hält. Wir sind im Land der Wut. Hier wohnen Menschen, die sich gekränkt und ungerecht behandelt fühlen. Sie sind zornig und wütend, stampfen mit den Füßen, werfen sich auf den Boden, raufen sich die Haare, schütteln den Kopf, ballen die Fäuste, schreien: Ich hasse Dich ... Endlich pfeift unser Zug wieder. Wir halten inne, holen tief Atem ... und werden wieder ruhig. Wir steigen ein und fahren weiter ... Unser Zug hält: Endstation. Wir sind im Land der Ruhe, alle Menschen lächeln, sie bewegen sich ruhig und behutsam, sie streicheln einander, führen sich bei den Händen oder sitzen still und friedlich beieinander ..."

Auswertungsfragen:
- Wie fühlten sich die Kinder während der Reise?
- Wie fühlen sie sich, wenn die Reise vorbei ist?

Blitzlicht

Mit Hilfe dieser einfachen Methode kann die subjektive, persönliche Sicht des einzelnen Kindes als auch der Klasse hinsichtlich vorhandener Gefühle erfragt werden.

Themen: Wie fühle ich mich jetzt gerade im Augenblick?
                 Was hat mich heute geärgert, was hat mich gefreut?
Auswertungshilfe: Welche Konsequenzen müssen aus den geäußerten Beiträgen
                    gezogen werden?

Fantasiereise

Kinder können durch eine Fantasiereise individuelle Vorstellungen und Gefühle vermittelt bekommen. Gleichzeitig kann damit eine Entspannung gefördert werden und sich ein gewisses Körpergefühl entwickeln. Die Fantasiereise setzt auf Seiten der Kinder ein hohes Maß an Konzentration voraus, weshalb vor der Durchführung bestimmte Dinge besprochen werden sollten, um damit Störungen vorzubeugen (vgl. Windisch, 2000, S. 29):
- Wozu machen wir die Fantasiereise?
- Wie läuft sie ab? Regeln und Rituale müssen allen vertraut sein, z.B. Augen schließen, Körperhaltung anbahnen – entspanntes Sitzen/Liegen.
- Was ist der Inhalt?

Handelt es sich wie hier um Körperteile oder Gefühle, so sollten diese im vorausgegangen Unterricht schon thematisiert sein, damit eine Erstbegegnung in der Ruhe nicht zum Spannungsfeld wird.
Wie wird sie ausgewertet?
Nach der Beendigung der Fantasiereise ist darauf zu achten, dass die Kinder von ihren Erlebnissen und Eindrücken berichten können. Zusätzliche Möglichkeiten

zur Verarbeitung und Auswertung der Fantasiereise könnten z. B. das Malen eines Bildes oder das Schreiben einer kurzen Geschichte über die Erlebnisse der Kinder auf ihrer Reise sein.

1. Beispiel:

„Du sitzt bequem auf deinem Stuhl.
Beide Füße hast du fest auf den Boden gestellt.
Du wirst ruhig, dein Atem geht ganz gleichmäßig.
Langsam wandern deine Gedanken aus dem Klassenzimmer in einen Raum, der dir sehr vertraut ist, in dem du dich geborgen fühlst.
Hier in diesem Raum befindet sich ein Mensch, den du ganz besonders lieb hast.
Du betrachtest ihn genau, sein Gesicht, seine Haare, seine Hände.
Du verspürst Lust ihm ganz nahe zu sein.
Eng kuschelst du dich an ihn und spürst seinen Körper ganz nahe an deinem Körper.
Du riechst den Duft seiner Haare, du spürst seine Haut unter deinen Händen.
Du fühlst dich rundum geborgen.
Gedanken gehen dir durch den Kopf.
Gedanken an Schönes, was du mit diesem Menschen erlebt hast.
Du spürst ganz deutlich, dass du diesen Menschen gern hast und weißt auch ganz genau, warum.
Langsam geht dein Traum zu Ende, du kehrst zurück ins Klassenzimmer.
Du bewegst deine Hände, du streckst dich, du bist hierher zurückgekommen und fühlst dich rundherum wohl!" (Windisch, 2000, S. 29).

Der Text wird von der Lehrkraft ganz langsam und mit Pausen gesprochen. Gleichzeitig kann dazu eine ruhige und entspannte Musik ertönen.

2. Beispiel:

„Schließt eure Augen und setzt oder legt euch ruhig hin. Nehmt euch etwas Zeit und achtet auf die Gefühle in eurem Körper. Haltet ihr den Atem an oder atmet ihr gleichmäßig? Spürt ihr eine Anspannung oder einen Druck in irgendeinem Teil eures Körpers? Ihr werdet jetzt euren Körper entspannen, indem ihr entspannt atmet.

Atmet ein ... und aus ... und ein ... und aus, lasst alle Gedanken und Sorgen fallen. Atmet ruhig weiter ein ... und ... aus und konzentriert euch auf eure Füße. Denkt nur an eure Füße, an nichts anderes. Könnt ihr sie spüren? Vielleicht es das erste Mal, dass ihr nur an eure Füße denkt. So, holt jetzt tief Luft und spannt die Muskeln in euren Füßen an ... haltet die Spannung ... und jetzt entspannt ihr eure Fußmuskeln wieder, während ihr ausatmet. Atmet jetzt leicht und ruhig weiter. (Pause)

Konzentriert euch jetzt auf eure Beine – nur auf die Beine; auf nichts anderes und fühlt sie. Jetzt atmet ein während ihr die Beinmuskeln anspannt ..., haltet die Spannung ... und entspannt eure Beinmuskeln wieder während ihr ausatmet. (Pause)

Konzentriert euch jetzt auf euren Po und euer Becken. Atmet ein und spannt die Muskeln in Po und Becken an ... haltet die Spannung ... und entspannt die Muskeln wieder während ihr ausatmet. (Pause)

Konzentriert euch jetzt ganz auf den Rücken ... atmet ein und spannt euren Rücken an ... haltet die Spannung ... und entspannt euch wieder, während ihr ausatmet. (Pause)

Konzentriert euch jetzt auf den Bauch. Fühlt ihn und fühlt ob ihr die Bauchmuskeln anspannt. Jetzt atmet ruhig ein und spannt dabei die Bauchmuskeln an ... haltet die Spannung und entspannt euch. (Pause)

Konzentriert euch auf den Brustkorb ... spannt ihn an ... und entspannt euch wieder. Atmet immer ruhig und leicht weiter. Konzentriert euch auf eure Schultern ... Spürt ihr in der einen Schulter mehr Spannung als in der anderen? Atmet jetzt wieder ein und spannt die Schultermuskeln an ... Haltet die Spannung und entspannt euch. (Pause)

Konzentriert euch jetzt auf eure Arme und Hände. Spannt eure Muskeln in der Hand an, in dem ihr eine Faust macht ... haltet die Faust ... und entspannt euch während ihr eure Faust nun Finger für Finger wieder öffnet. (Pause)

Achtet nur auf euren Kiefer und die Gesichtsmuskeln. Spürt ihr sie? Atmet ein und spannt dabei die Muskeln in eurem Kiefer, eurem Mund, der Nase und den Augen an ... haltet die Spannung ... und befreit euch von allen Spannungen, die in eurem Gesicht vorhanden waren. (Pause)

Konzentriert euch auf Stirn und Kopf. Atmet ein und spannt die Muskeln von Stirn und Kopf an ... haltet die Spannung und entspannt euch. Achtet auf eure Atmung ... Atmet ruhig und leicht ... und genießt euren entspannten Körper.

(Nach einer Minute) Kehrt wieder ins volle Bewusstsein zurück, während ich bis drei zähle. Wenn ich bei drei angelangt bin, öffnet eure Augen. Eins ... zwei ... drei ..." (Murdock, 1990, S. 36f.).

Das Lied von den Gefühlen (Klaus Hoffmann, 1983)

Wenn ich glücklich bin, weißt du was?
Ja, dann hüpf ich wie ein Laubfrosch durch das Gras.
Solche Sachen kommen mir so in den Sinn,
wenn ich glücklich bin, glücklich bin.

Wenn ich wütend bin, sag ich dir,
ja, dann stampf und brüll ich wie ein wilder Stier.
Solche Sachen kommen mir so in den Sinn,
wenn ich wütend bin, wütend bin.

Wenn ich albern bin, fällt mir ein,
ja, dann quiek ich manchmal wie ein kleines Schwein.
Solche Sachen kommen mir so in den Sinn,
wenn ich albern bin, albern bin.

9.4.2.7 Mitbestimmung der Schüler

In kleinen Schritten sollen die Schüler in der Grundschule bestimmte Verfahren der Mitbestimmung erfahren und lernen können. Mit Hilfe der sog. Partizipation beteiligen sich die Schüler an gemeinsamen Angelegenheiten und übernehmen zunehmende Verantwortung für die Gestaltung ihrer Klassensituation. Das Recht des Kindes auf Mitsprache und Beteiligung wird u. a. durch das Kinder- und Jugendhilfegesetz (KJHG, 1990) und durch die UN-Kinderkonvention von 1989 unterstützt. Wesentliche Ziele der Mitbestimmung im schulischen Alltag sind:

- Die Kinder stärken ihr Selbstvertrauen, weil sie ernst genommen werden.
- Sie entwickeln ihre Fähigkeit zur Übernahme von Verantwortung für sich und andere.
- Sie erfahren erste Grundregeln der Demokratie.
- Sie lernen, konstruktive Kritik zu üben und anzunehmen.
 (vgl. BZgA, 2002, S. 56)

Wenn die Partizipation der Schüler ernsthaft praktiziert wird, kann dies ihre Kreativität und Eigenverantwortung sowie den Teamgeist beim Mitgestalten des Schullebens aktivieren.

Anhand der folgenden Checkliste können bestimmte schulische Bedingungen überprüft und wenn nötig geändert werden (vgl. Kaufmann, 2001, S. 91):

- In welchen Bereichen wird Mitbestimmung von Kindern praktiziert? Ist eine Ausweitung denkbar?
- Wie groß ist der (Mit-)Entscheidungsrahmen für die Kinder?
- Gibt es Zeit und Raum für die Gefühle/Wünsche/Ideen der Kinder?
- Wie kommen Minderheiten zu ihrem Recht?
- Wird genügend Einzel-/Gruppenverantwortung an die Kinder übertragen? Ist eine Ausweitung denkbar?
- Gibt es Anlässe, etwas zu feiern?
- Gönnen wir uns gemeinsam Zeiten der Ruhe/Entspannung ebenso wie Zeiten von Spaß/Spannung?

Klassenversammlung

Wenn möglich, sollte einmal wöchentlich (günstiger Wochentag: Freitag/Dauer: 20 bis 30 Minuten) eine Klassenversammlung stattfinden. Hier können alle Themen besprochen werden, die die Klasse betreffen und man lässt z. B. die vergangene Woche noch einmal Revue passieren, um zu kritisieren, Konflikte anzugehen, Entscheidungen zu treffen, Vorschläge zu unterbreiten, Regeln zu hinter-

fragen, neue Regeln zu finden, zu loben, sich zu freuen usw. Die Schüler sitzen im Kreis und am Anfang leitet die Lehrkraft die Versammlung und gibt somit den Kindern ein Vorbild, was bei der Leitung zu beachten ist. Danach nimmt die Lehrkraft an der Versammlung teil, greift aber möglichst wenig ein und abwechselnd leiten einzelne Schüler die Versammlung. Manche Klassen werden ihre Versammlungen fast völlig selbständig durchführen können, während andere noch starke Unterstützung durch die Lehrer benötigen. Die Schüler bestimmen selbst die Inhalte: Streitigkeiten, Planung von Festen und Ausflügen usw.
Um dem Gespräch eine Struktur zu geben, ist es hilfreich, es zu gliedern, wie z. B.:

- Was hat mich geärgert?
- Was hat mich gefreut?
- Was wünsche ich mir?

Die Einführung und Einhaltung von bestimmten Gesprächsregeln erleichtert die Durchführung der Versammlung. Folgend Punkte sollten dabei beachtet werden:

- aussprechen lassen
- den Konflikt oder die Sache möglichst klar darstellen
- wirklich zuhören
- sich trauen, seine Gefühle zu zeigen

Während der Behandlung eines Themas sollten folgende Fragen berücksichtigt werden:

- Bietet sich ein Kompromiss an?
- Ist es sinnvoll abzustimmen?
- Muss der Punkt vertagt werden?

Zur Vorbereitung und zum Festhalten der Ergebnisse einer Vollversammlung bietet sich z. B. eine Wandzeitung an. Die Wandzeitung könnte z. B. so aussehen:

Das finde ich gut	**Das stört mich**	**Das möchte ich besprechen**	**Beschlüsse**

Hier können Beschlüsse, neugefundene Regeln, Wünsche usw. eingetragen werden. Wenn die Kinder dazu in der Lage sind, sollten sie das selbst tun, wenn nicht übernimmt die Lehrkraft vorerst diese Aufgabe.

Ämter und Aufgaben

Für das soziale Lernen in der Klasse ist es wichtig, dass die Schüler Verantwortung übernehmen. Das Selbstwert- und Zugehörigkeitsgefühl wird gestärkt, wenn jedes Kind allein oder mit einer Partnern bzw. einem Partner in einem bestimmten Bereich für eine gewisse Zeit das Sagen hat, z.B. in der Spiele-Sammlung, in der Leseecke, versorgen der Pflanzen usw. Die Ämter und Aufgaben sollten von Zeit zu Zeit gewechselt werden, damit alle Kinder die unterschiedlichen Verantwortlichkeiten üben können.

9.4.2.8 Erlebnispädagogik

Erlebnispädagogik ist eine Methode, bei der hauptsächlich die Elemente Natur, Erlebnis und Gemeinschaft handlungsorientiert und pädagogisch zielgerichtet miteinander verbunden werden. Exemplarische Lernprozesse sollen den jungen Menschen vor physische, psychische und soziale Herausforderungen stellen und damit die Persönlichkeitsentwicklung fördern. Erlebnis bezieht sich auf ein inneres Erleben von etwas Besonderem und etwas Einmaligem, was somit Gefühle von Unmittelbarkeit und Betroffenheit auslösen kann. Erlebnispädagogische Aktivitäten wie z.B. die „Kooperativen Abenteuerspiele" beinhalten geplante Risikoerfahrungen, denn ohne Risiko lässt sich kaum ein Bezug zu Abenteuern herstellen. Pädagogisch verantwortbar sind solche Aktionen nur, wenn die Risiken kalkulierbar und mithilfe entsprechender Sicherheitsvorkehrungen auf ein vertretbares Ausmaß reduzierbar sind.

Erlebnispädagogische Ziele:
- Entwicklung sozialer Schlüsselqualifikationen und Förderung von sozialen Kompetenzen
- Stärkung der Persönlichkeit, positives Selbstwertgefühl, realistische Selbsteinschätzung
- Erlernen von Problemlösungsstrategien und Handlungskompetenz
- Entwicklung von gegenseitigem Vertrauen, Kooperation und Teamfähigkeit
- Erleben von Gemeinschaft, Sozialität und Rücksichtnahme
- Konfliktfähigkeit, Stärkung der Frustrationstoleranz
- Steigerung der Kommunikations-, Kooperations- und Erlebnisfähigkeit
- Vermittlung ganzheitlicher Erfahrungen

Erlebnispädagogik bietet Grundschulkindern in erster Linie im Rahmen von spielerischen Abenteueraktivitäten ein adäquates Lernfeld, welches besonders ihrem Bewegungsdrang entgegenkommt und somit attraktiv und motivierend wirkt. Bei der Durchführung solcher Aktivitäten in der Grundschule ist zu beachten, dass gerade bei Bewegungsspielen in vertrauter Umgebung und ohne erkennbares großes Risiko die Schüler erfahrungsgemäß unaufmerksamer und leichtsinniger agieren, so dass folglich schnell ein Fuß umgeknickt oder ein Kopf angestoßen ist. Auch die Gefahr solch leichter Verletzungen muss ernst genommen und es müssen entsprechende Vorkehrungen getroffen werden.

Folgende wichtige Sicherheitsaspekte sind zu beachten:

- Ein Erste-Hilfe-Set muss sich in erreichbarer Nähe befinden.

  Bodenbeschaffenheit: Stein- und Betonböden, Unebenheiten und mögliche Hindernisse im Gelände sind zu meiden.
- Die benutzten Materialien müssen in einem einwandfreien Zustand sein.
- Bei Ballspielen sind vorzugsweise weiche Bälle zu benutzen.
- Bei Spielen, die ein Fallen bzw. die Möglichkeit ruckartiger Berührungen beinhalten, sollten Uhren, Schmuck und eventuell auch Brillen vorher abgenommen werden.
- Spiele, die kleinere Sprünge erforderlich machen, bringen erfahrungsgemäß ein hohes Verletzungsrisiko mit sich. Die Anzahl und die Absprungshöhe solcher Sprünge sind auf ein Mindestmaß zu beschränken.

Mit „Abenteuer-Spielen" kann man nicht mit der Tür ins Haus fallen. Vor Beginn der Aktivitäten sollten deshalb zuerst Kennenlernspiele bzw. Warming-up-Spiele durchgeführt werden. Diese Spielformen ermöglichen es den Schülern, Kontakte zueinander herzustellen und helfen ihnen miteinander in Bewegung zu kommen. Diese Spiele haben auch den Vorteil, dass sie meistens einen unkomplizierten, ausgelassenen und lustigen Charakter aufweisen.

Vertrauensübungen

Jede Klasse benötigt ein gewisses Maß an wechselseitigem Vertrauen. Vertrauensübungen ermöglichen den Schülern, sich auf ungewohnte Situationen einzulassen und dabei Sicherheit und Unterstützung durch die anderen zu erfahren.

- *Führen und folgen*

  Paare fassen sich an den Händen. Die Hände des Geführten liegen flach und locker auf den Händen des Führenden. Der Führer hält die Augen auf, der Geführte schließt die Augen. Beide gehen nun vorwärts durch den Raum. In Kleingruppen zu Dritt kann ein Schüler auf die gleiche Weise die beiden anderen führen.

- *Pendel*

  Drei Schüler bilden zu dritt eine Kleingruppe. Jeweils zwei nehmen einen dritten in ihre Mitte. Der dritte macht sich steif und lässt sich als „Brett" nach vorne und hinten in die Arme der Partner sinken. Diese fangen ihn auf und stellen ihn wieder sanft aufrecht hin. Begonnen wird dabei mit einem geringen Abstand von dem mittleren Schüler, so dass nur leichte Schwingungen des „Pendels" möglich sind.

- *Vertrauensfall*
  Die Schülergruppe steht im Kreis, Schulter an Schulter eng aneinander. Ein Schüler geht in die Mitte, schließt die Augen, macht seinen Körper ganz steif und wird nun von den anderen sehr sanft weitergereicht.

Wilde Jagd

Jeder Schüler ist Fänger und versucht andere Mitspieler durch auf den Rücken tippen abzuschlagen. Abgeschlagene Mitspieler scheiden sofort aus und verlassen das Spielfeld.

Der Reiz dieses Spiels liegt im Hin- und Hergerissensein aller Spieler zwischen Angriff und Flucht. Allerdings sind klare und nicht zu weitläufige Spielfeldgrenzen hilfreich, damit die Fluchttendenz einzelner Schüler nicht überhand nimmt (Dauer: ca. 10 Minuten).

Die Höhle

Die Turnhalle wird in eine „Höhle" verwandelt, deren Gänge mithilfe eines durchgängigen Seiles gekennzeichnet sind. Der Weg ist also eindeutig markiert und darf nie verlassen werden. Im Abstand von einigen Metern sind jeweils mittels Turngeräten schwierige Passagen aufgebaut, die durchkrochen, überklettert usw. werden müssen.

Die Schüler starten ihre Expedition in die Höhle einzeln von einem Nachbarraum aus, d. h. sie sollten vorher keine Gelegenheit haben, sich einen optischen Eindruck davon zu machen. Zwischen zwei Schülern sollte immer ein Abstand von ca. zwei Minuten eingehalten werden. Schüler, die an der Höhle angelangt sind, können die Durchquerung der anderen beobachten, sollten sich dabei aber völlig ruhig verhalten.

Als denkbare Stationen sollten vorbereitet werden:

- die Überquerung eines Kastens
- das Balancieren über Sitzbänke
- das Durchkriechen eines Tunnels aus Kastenteilen und Matten
- das Balancieren über eine auf Medizinbällen liegende Weichbodenmatte
- das Beklettern und Durchsteigen einer Sprossenwand
- das Hinabrutschen auf einer in der Sprossenwand eingehängten Sitzbank
- und viele mehr ...

Bei der Durchführung kann eine zur Stimmung passende Instrumentalmusik eingesetzt werden.

Das Land der Achtsamkeit

Ort: Turnhalle
Material: Kastenteile, Stangen, Matten, Kegel und andere Hallenmaterialien als Hindernisse

„Schätze": Luftballons oder Stofftiere usw.

Beschreibung der Übung:

Eine Gruppe von ca. acht Mitgliedern steht vor der Aufgabe, in einer begrenzten Zeit (z. B. 30 Minuten) das Land der Achtsamkeit zu durchqueren und dabei möglichst viele der kostbaren Schätze (Luftballons) zu bergen. Dabei ist zu beachten:

Pro Spieler ist nur eine Durchquerung möglich.

Innerhalb der Grenzen des Landes ist es weder möglich zu sehen, noch zu sprechen.

Bei jeder Berührung eines Landschaftselementes geht ein noch verbleibender Schatz unwiederbringlich verloren (Luftballon wird entfernt.).

Die nicht im Land befindlichen Spieler dürfen sich frei entlang dessen Außengrenzen bewegen, aber dabei niemanden innerhalb der Grenzen berühren. Wie viele Spieler sich zur Zeit innerhalb des Landes befinden, bleibt der Gruppe überlassen.

Zur Planung ihrer Strategie hat die Gruppe eine Vorbereitungszeit (z. B. 10 Minuten).

Vorbereitung:

Innerhalb eines klar umgrenzten, ca. 10 x 15 m großen Feldes wird eine Landschaft mit möglichst verschiedenartigen Elementen aufgebaut, so dass man bei einer Durchquerung auf viele Hindernisse stößt, aber gleichzeitig viele Wege möglich sind. An zwei gegenüberliegenden Enden werden ein Ein- und ein Ausgang markiert. Eine größere Anzahl Luftballons wird mit Kreppband an den verschiedensten Orten der Landschaft befestigt.

Noch anspruchsvoller wird die Aufgabe, wenn die Außenstehenden zum Dirigieren lediglich die Namen ihrer MitspielerInnen verwenden dürfen.

Außerunterrichtliche Veranstaltungen wie z. B. eine anspruchsvolle Wanderung, der Besuch eines Niedrigseilgartens, eine ökopädagogische Freizeit, ein Sport-Tag mit kooperativen Abenteuerspielen und Geländespielen usw. bieten der Grundschule weitere Möglichkeiten, um den Kindern erlebnisorientierte Erfahrungen zu vermitteln. Erlebnispädagogik kann dazu beitragen, dass gewisse soziale Schranken in einer Klasse vermindert werden. Die Schüler können dabei lernen, gemeinsame Ziele zu erreichen, indem die verschiedenen individuellen Fähigkeiten und Fertigkeiten besser in der Gruppe eingesetzt werden. Erlebnispädagogische Aktivitäten schaffen darüber hinaus Raum für eigenes Entdecken und eigene Eroberungen.

9.4.2.9 Theaterspiel

Das Theaterspielen in der Grundschule sollte in erster Linie ein Spiel sein und nicht von vorneherein oder unbedingt als Ziel eine Aufführung vorsehen. Das zunächst einmal zweckfreie Spiel sollte die Kinder hinführen zum improvisieren, zum experimentieren und zum Entdecken der eigenen schöpferischen Kräfte. Mit dem Theaterspiel als pädagogisches Mittel sollte behutsam begonnen werden, denn für die meisten Grundschulkinder ist dies eine ungewohnte und unbekannte Methode. Aufgrund von Ängsten, Hemmungen und Leistungszwängen können bei manchen Kindern Spielhemmungen auftreten. Deshalb braucht das Theaterspiel eine allmähliche Hinführung der Klasse zu dieser speziellen Form des darstellenden Spiels. Dabei sollen die Kinder nach und nach Hemmungen verlieren und gleichzeitig ihre Ausdrucks- und Darstellungsfähigkeit verbessern.

Das Theaterspiel ermöglicht den Kindern sich mit ihrem Leben, mit ihren Wünschen und ihren Interessen auseinander zu setzen. Im Vordergrund sollte nicht das Einüben von fertigen Texten stehen, sondern es sollte versucht werden, mit den Ideen der Kinder und deren eigenen Vorstellungen, Theater als ein Spiel zu erleben und vielleicht ein eigenes Stück zu entwickeln. Dabei kann ein solches Theaterprojekt die Kinder aus ihrer eher passiven Konsumentenrolle heraus holen und sie motivieren etwas selbst zu gestalten.

Bedeutung des Theaterspiels für die Kinder:

- Förderung der Freude am Darstellen
- Förderung der verbalen und non-verbalen Ausdrucksfähigkeit
- Erweiterung der Kommunikationsfähigkeit
- Schulung der Beobachtungsgabe, Nachahmungsfähigkeit und des Zuhörens
- Förderung der Sprache (Tonfall, Artikulation, Betonung, Sprechgeschwindigkeit, Erweiterung des Wortschatzes)
- Förderung der sozialen Kompetenz (Kooperationsbereitschaft, Übernahme von Verantwortung, Kompromissbereitschaft, Konfliktlösungen)
- Stärkung der Ich-Kompetenz (Selbstsicherheit, Ausdruck eigener Gefühle)
- Förderung der Phantasie und der selbstgestalterischen Fähigkeiten
- Erlebnis einer ganzheitlichen Erfahrung (Kognition, Sinne, Emotionen, Körper)
- Auslösen von positiven Veränderungen oder Entwicklungen (Entwicklungsförderung)

Themen für Kindertheaterprojekte

Um Themen für ein Theaterstück zu finden, kann man sich auf die Suche bei Kinderbüchern und Bilderbüchern begeben. Hier ein paar Ideen für Themen:

- Abenteuer im Zwergenwald
- Auf der Suche nach dem Zauberring
- Schatzsuche im Märchenwald
- Das Fest der Meeresbewohner
- Der merkwürdige Schulweg

(vgl. Lechthaler, 2004, S. 24f.)

Grundsätzlich sollten die Themenvorschläge an Erlebnissen und Erfahrungen der Kinder anknüpfen, die ihnen aus ihrem Schul-, Freundschafts- und Familienalltag bekannt sind.

Theaterprojekte eignen sich in konstruktiver Weise für einen fächerverbindenden Unterricht, denn die Kooperation zwischen Deutsch, Kunst (z. B. Kulissen, Schminken), Werken (z. B. Kostüme) und Musik kann eine günstige Grundlage für das Gelingen eines solchen Projekts bieten.

Eine etwas andere Form des Theaterspiels stellt das Schattentheater dar, denn für manche Kinder ist es einfacher, auf der Bühne „über ihren Schatten zu springen", wenn sie als Person unsichtbar bleiben. Auch das Spiel mit der Puppe hat seine Bedeutung, weil es beim Puppenspiel immer um menschliche Zusammenhänge, Erlebnisse und Schicksale geht, die durch die Puppe bildhafte Wirklichkeit werden.

9.4.2.10 Puppentheater

Das Puppentheaterstück „Der harte Jim" wurde speziell für die Präventionsarbeit an der Grundschule in Zusammenarbeit zwischen dem Puppenspieler Frieder Kräuter, der Psychologischen Beratungsstelle Bretten und der Fachstelle des Landkreises Karlsruhe in Drogenfragen entwickelt. Ausgangspunkt war die Erfahrung an den Beratungsstellen, dass sich Suchtdispositionen sehr früh entwickeln.

Zum Inhalt des Puppenspiels „Der harte Jim":

Ein Junge, der sich als Vorbild eine Westernfigur aus dem Fernsehen genommen hat, erhält überraschend die Gelegenheit mit seinem Idol („Der harte Jim") wirklich in den Wilden Westen zu reisen. Bei der Bewältigung der Aufgaben und Abenteuer treten die Schwächen des „harten Jim" mehr und mehr in den Vordergrund. Die Fasadenhaftigkeit seines Tuns, die Unaufrichtigkeit und die vielfältige Abhängigkeit von Dingen, veranlassen Tom schließlich von seinem Ideal mehr und mehr Abstand zu nehmen. Als er schließlich bei der Bewältigung einer besonders schweren Situation von dem „harten Jim" allein gelassen wird, besinnt er sich auf seine eigenen Möglichkeiten und entzieht sich mit der Hilfe seiner Schwester Lisa, der drohenden Gefahr.

Wieder zu Hause ist er der künstlichen Welt des Fernsehens und den Symbolen des Erwachsenseins gegenüber misstrauischer geworden und nicht mehr daran interessiert ein weiteres Mal mit dem „harten Jim" zusammen ein Abenteuer zu erleben.

Ziel des Puppentheaterstücks ist es, sich auf kindgemäße und vergnügliche Art mit Themen wie Eigenverantwortlichkeit, Angeben, Vorbildern und Idealen sowie mit der Funktion von Rauchen und Trinken zu beschäftigen. Dieses Theaterstück ist für Schüler der 2. bis 4. Grundschulklasse geeignet.

An die Aufführung sollte sich eine Pause anschließen, nach der die Schüler im Klassenverband die Möglichkeit bekommen sollten, ihren Empfindungen freien Lauf zu lassen. Die Eindrücke sollten unbewertet bleiben. Die Lehrkraft soll dabei die Rolle des Gesprächsleiters innehaben und zunächst keine Richtung vorgeben. Danach sollte ein gelenktes Gespräch über das im Puppentheaterstück Erlebte stattfinden. Dabei kann die Lehrkraft z. B. folgende Fragen in den Mittelpunkt stellen wie:

- Was bewirkt der „harte Jim" mit seinem Rauchen und mit seinem Trinken?
- Was bewirkt der „harte Jim" mit seinem Angeben?
- Warum lässt er ständig die Anderen die Arbeit für sich machen? usw.

Der Lehrer erhält zur Begleitung des Stückes Informationsmaterial, das speziell einen Fragebogen enthält, der den Kindern den Zusammenhang zwischen dem Stück und ihrer eigenen persönlichen Situation nahebringen soll. Das Puppentheaterstück ist grundsätzlich als Einstieg in eine erste Präventionsstunde an der Schule anzusehen. Theaterstück und Unterrichtseinheit nehmen ca. zwei Schulstunden in Anspruch.

9.4.2.11 Zirkusspiele

In den letzten Jahren hat die Durchführung von Zirkusprojekten in den Grundschulen zugenommen. Viele Kinder haben schon einmal eine Zirkusaufführung besucht und haben sich von der ihr ausgehenden Faszination beeindrucken lassen. Deshalb ist es nicht verwunderlich, wenn Kinder bei dem Thema Zirkus lebhaft und motiviert reagieren und sich neugierig und engagiert auf Akrobatik, Jonglieren und Clownerie einlassen. Zirkusspiele ermöglichen Kindern individuelle und zahlreiche Erfahrungen wie z. B. sich selbst aktiv-gestaltend zu betätigen. Gleichzeitig bietet Zirkus eine umfangreiche Rollenvielfalt an wie z. B. Zirkusdirektor, Clown, Zauberer, Dompteur, Akrobat, Jongleur oder Seiltänzer. Die exotische Welt des Zirkus „fordert die Kinder geradezu auf, sich in dieser glitzernden Scheinwerferwelt zu bewegen und eine der vielen lauten oder leisen, extrovertierten oder eher stillen und beschaulichen Rollen zu übernehmen und auszuprobieren" (Albers/Möller, 2005, S. 7). Darüber hinaus bringt Zirkus die Kinder in Bewegung: „Sie wollen sich bewegen, ihre Kräfte spüren, ihre Geschicklichkeit auf die Probe stellen: klettern und springen, balancieren und rutschen, sich verstecken, weglaufen und gefangen werden" (Zimmer, 1995, S. 17). Ein Zirkusprojekt vermittelt auch durch das gemeinsame Tun, Ausprobieren, Üben, Planen, Vorbereiten und des Auftritts die Erfahrung der Gemeinschaft und des sozialen Handelns: „Eine Pyramide wird nur dann gelingen, wenn man sich darauf verlassen kann, dass man von den anderen gehalten wird. Das bedeutet auch, Verantwortung füreinander zu übernehmen und die Grenzen des anderen zu respektieren" (Albers/Möller, 2005, S. 9).

Im Folgenden werden exemplarisch einzelne Zirkusspiele vorgestellt, die für Grundschulkinder geeignet sind (vgl. Rooyackers, 2008, S. 52 ff.):

Der Tausendfüßler

Für den Tausendfüßler (Dauer: ca. 10 Minuten) müssen sich etwa vier bis acht Kinder zusammenschließen. Sie stellen sich erst dicht hintereinander im Vierfüßlerstand auf, also auf Händen und Knien. Dann legen sie sich flach auf den Boden, strecken die Arme zur Seite und klammern die Beine und Füße um das hintere Kind. Alle „Glieder" des Tausendfüßlers müssen sich gleichzeitig – auf ein Signal hin – nur mit den Armen nach oben drücken. Dazu ist viel Körperspannung nötig. Die Füße dürfen nicht den Boden berühren, sondern müssen fest um den Hintermann geklammert bleiben. Wenn die Beine genug angewinkelt sind, können die Füße auf der Schulter des Hintermannes abgelegt werden. Nun versucht sich der Tausendfüßler im gleichen Rhythmus fortzubewegen. Immer auf ein Signal hin bewegen alle Kinder gleichzeitig den rechten und dann den linken Arm nach vorne.

Tierisch akrobatisch

Lassen Sie die Kinder in dieser Übung aus ihrem eigenen Körper ein Tier bilden: Zu dritt stellen die Kinder ein Tier dar, z. B. einen Löwen: Zwei Kinder stellen sich auf Händen und Knien als Bank nebeneinander, das Dritte klettert obendrauf und stützt sich mit je einem Bein und einer Hand auf den beiden anderen Kindern ab.

Die zwei Clowns

Zwei Clowns treten auf, der eine schlau, der andere leicht tollpatschig. Der schlaue Clown drängt den anderen dazu, mit überflüssigem Ballast beladen über ein Seil zu laufen. Dann versucht er, ihn zu erschrecken, oder redet so lange auf ihn ein, dass er aus der Balance gerät.

Balanceakt auf dem Seil

Legen Sie ein Seil auf den Boden und lassen Sie die Kinder darüber balancieren. Fordern Sie die Kinder auf, dabei ihre Fantasie spielen zu lassen: Stellt euch vor, ihr wärt hoch oben in der Luft, mehrere Meter vom Boden entfernt.

Skateboard

Die Kinder können z. B. zu zweit mit dem Skateboard fahren oder sich darauflegen und eine Pose einnehmen, während sie ein anderer anschiebt. Dieses Sportgerät bietet auch zahlreiche Möglichkeiten, auf lustige Art und Weise zu stürzen. Achten Sie dann aber darauf, dass die Kinder angemessene Schutzkleidung tragen und vorher das Fallen auf weichen Matten sehr gut einüben.

Der Löwenbändiger

Die z. B. als Löwen verkleideten Kinder bewegen sich täuschend echt und knurren sogar. Sie sind mit Seiten festgebunden und sitzen im Käfig. Außerdem können sie übereinander springen und Männchen machen. Üben Sie den Löwengang: langsam und elegant bewegen sich die „Löwen" auf allen vieren vorwärts. Ein schneller Sprung, vielleicht mit Hilfe eines Trampolins, das unter einem Tuch versteckt ist, sieht dann umso spektakulärer aus.

Besorgen Sie sich eventuell eine CD mit echtem Löwengebrüll, die Sie im Hintergrund laufen lassen.

Die Wassermenschen

Bunte Schwimmflossen, Taucherbrillen und Schnorchel können als Gesamtbild ein sehr farbenfrohes Ganzes ergeben. Die Kinder könnten in ihrem Aufzug einen Tanz aufführen. Zwar läuft es sich mit Schwimmflossen recht beschwerlich, aber wenn alle zugleich im Gänsemarsch auf die Bühne kommen, ist schon das Geräusch allein lustig. Entwickeln Sie dazu eine Choreographie.

Die Gewichtheber

Die Gebrüder „Mammoni" haben riesige Schnauz- oder Vollbärte, altmodischgestreifte Trikots. Sie heben Besenstiele hoch, die so bemalt sind, dass sie aussehen, als wären sie aus Metall. Die „Gewichte" aus bemalten Eimern – schwarzen Pappmascheekugeln – wirken äußerlich richtig schwer. Sie wurden beidseitig mit der Aufschrift „150 kg" versehen. Verschiedenste andere Schein-Gewichte werden in einer Schubkarre auf die Bühne gerollt. „Hysterisch schreiende Fans" gestalten den Auftritt noch imposanter.

Stelzenläufer

Finden Sie zunächst heraus, wer aus der Klasse Stelzen besitzt und wer darauf laufen kann oder es lernen möchte. Üben Sie Schritt für Schritt mit den Kindern, damit sie das Stelzenlaufen sicher beherrschen.

Jonglieren

Die Kinder können am Anfang mit Tüchern üben (hochwerfen und sie wieder einfangen, gegenseitig zuwerfen). Diejenigen Kinder, die noch nicht gut fangen können, können mit den Luftballons üben und dabei auch eine Jonglagenummer entwickeln. Bei der Verwendung von Bällen sollten die Kinder zuerst einen Ball mit einer Hand hoch werden und ihn mit der gleichen Hand wieder auffangen. Danach ist die andere Hand an der Reihe. Die zweite Übung besteht darin, einen Ball mit einer Hand hochzuwerfen und ihn mit der anderen zu fangen. Die Hände befinden sich dabei am besten in Bauchnabelhöhe vor dem Körper. Jetzt kommt der zweite Ball hinzu: In jeder Hand einen Ball, werden beide gleichzeitig hochgeworfen und gefangen: der rechte mit rechts und der linke mit links. Als Nächstes sollen sich die Bälle nun in der Luft überkreuzen: die linke Hand fängt den rechten und die rechte Hand den linken Ball. Um das Ganze noch zu steigern, sollen jetzt zwei Bälle mit einer Hand gleichzeitig geworfen werden: ein Ball wird aber mit der rechten Hand, ein Ball mit der linken Hand gefangen.

9.4.2.12 Medienpädagogik

Bereits früh kommen Kinder mit Medien in Kontakt und ihre Sozialisation wird heute stark von den audio-visuellen Medien bestimmt („Medienkindheit"). In wieweit sich Kinder in der Medienwelt zu recht finden, hängt entscheidend davon ab, in welchem Maße sie Medienkompetenz als eine wichtige Schlüsselqualifikation lernen können. Dieses Ziel erfordert eine Medienerziehung, die den Kindern frühzeitig Fähigkeiten zu einem sinnvollen Umgang mit Medien vermittelt: „Aus erzieherischer Sicht ist es wichtig, die Kinder mit ihrem individuellen Medienerleben ernst zu nehmen und ihnen die Möglichkeit zu bieten, ihre Medienerfahrungen konstruktiv weiterzuentwickeln" (Ruffert, in: Schäfer/Hille, 2000, S. 127). Ein wesentliches und langfristiges Ziel der Medienpädagogik ist es, die Kinder zu einem kompetenten, selbstbestimmten, verantwortlichen und kritischem Handeln in einer durch Medien geprägten Welt hinzuführen. Eine wichtige Aufgabe für die LehrerInnen in der Grundschule ist es, die Medienwelt der Kinder kennen zu lernen und sich mit den aktuellen Botschaften und Strukturen bekannt zu machen, die Kinder im Medienalltag erleben. Für die praktische Umsetzung ergibt sich daraus, Wissen über Medien zu vermitteln und den Umgang mit Medien handlungsorientiert zu lehren. Die Grundschule sollte einen Teil jener Voraussetzungen schaffen, die die Kinder befähigen, praktisch und kreativ mit den Medien umzugehen und gleichzeitig deren Verwendung kritisch zu reflektieren. Die Förderung des eigenen Tuns und des aktiven Gestaltens sollte in der Medienerziehung im Mittelpunkt stehen, wodurch die Schüler im Sinne der Suchtprävention eine selbstbestimmte und schöpferische Gestaltung ihrer freien Zeit erfahren.

In der Grundschule geht es unter anderem darum, mit den Kindern zu untersuchen, wie das Fernsehen ihre Lebenswelten und ihren Alltag beeinflusst und welche Bedeutung das Fernsehen in ihrem Leben hat (z. B. Fernsehgewohnheiten). Weitere Ziele sind, verschiedene Medienangebote in Bezug auf ihre Inhalte und Gestaltungsformen zu untersuchen und die Beziehung zwischen vermittelter Wirklichkeit und eigener Lebenswirklichkeit zu analysieren (z. B. Klassenzeitung und Besuch einer Redaktion und Druckerei eines Zeitungsverlages). Bestandteile des Unterrichts könnten z. B. die folgenden Themen bzw. Projektvorschläge sein:

- **Vom Kino zum Videofilm**

  Für die medienpädagogische Filmarbeit mit Kindern gehört neben dem Vermitteln von Qualitätskriterien bei der Filmauswahl auch die Vor- und Nachbereitung des Filmbesuches. Dabei bieten sich unterschiedliche Schwerpunkte an (vgl. Eberle, in: Sacher u. a., 2003, S. 78):

- Das Bekannt-Machen mit filmischen Gestaltungsmitteln
- die Auseinandersetzung mit Wirkungen von Filmen
- das beispielhafte Ausprobieren filmischer Gestaltungs- und Wirkungsmechanismen.

Handlungsorientiert könnten die Kinder mit Hilfe einer Videokamera einen eigenen Film (z.B. über ein Bilderbuch oder ein Gedicht) oder eine Reportage erstellen: „Die Geschichten, die sie mit der Videokamera erzählen, tragen jetzt deutlich die Züge ihrer eigenen Erfahrungen oder haben ihren Ursprung in den Medien selbst, die sie nun immer häufiger auch konsumtiv nutzen" (Lutz, in: Anfang/Demmler/Lutz, 2005, S. 77).

- **Hörspiel**

Das Hörspiel als akustisch belebte Geschichte umfasst verbale (Wort, Inhalt) und vokale (Klangbild, Stimme) Kommunikation, Musik und Geräusche. Vielen Kindern fehlen die Rezeptionserfahrungen von Hörprodukten und deshalb wissen viele nicht, welche unterschiedlichen Produkte sich durch Hörspiele erstellen lassen. Vor allem für die Arbeit mit Kindern bietet dieses Medium positive Ansätze: „So stellt die Konzentration auf den Ton eine Vereinfachung in der Produktion dar, ohne grundsätzliche inhaltliche Einschränkungen. Es gibt kein Thema, keine Geschichte, die sich nicht auch für das Hören aufarbeiten lässt. Durch die Reduktion auf die Sprachebene wird der Produktionsvorgang wesentlich vereinfacht. Die Technik, die zur Tonaufzeichnung benötigt wird, ist unkomplizierter zu handhaben als beispielsweise eine Videokamera" (Lutz, in: Anfang/Demmler/Lutz, 2005, S. 81).

- **Fotografieren**

Da Grundschulkinder in der Regel den Fotoapparat adäquat bedienen können, eignet sich dieses Medium hervorragend für die Medienarbeit in der Schule: „Fotografie in der Grundschule eröffnet ein weites Feld von theoretischen, didaktischen, methodischen und pädagogischen Erwägungen. Sie ist trefflich geeignet, die Sachkompetenz (Gestaltung, Technik), die Sozialkompetenz und die Selbstkompetenz der Schülerinnen und Schüler zu fördern und zu stärken. Fotografieren mit Grundschülern kann u.a. deren visuelle Wahrnehmungsfähigkeit steigern, kritisches Sehen und Urteilen schulen, Selbstvertrauen und Selbstbewusstsein aufbauen, die Feinmotorik trainieren und einen wesentlichen Beitrag zur sinnvollen Freizeitgestaltung leisten" (Sacher u.a., 2003, S. 113f.). Mit Kindern können z.B. gezielte Fotosafaris zu einem Thema (z.B. Mein Wohnort) durchgeführt und die Ergebnisse z.B. vom Computer aufbereitet werden. Als weitere Fotoprojekte bieten sich z.B. auch als Einführung ein Fotografiekurs an oder die Schüler könnten auch einen Hüttenaufenthalt fotografisch festhalten und für die Schülerzeitung oder eine Ausstellung im Foyer der Schule aufbereiten.

- **Computer**
Im Mittelpunkt der Beschäftigung mit dem Computer sollte die aktiv handelnde Auseinandersetzung in konkreten Situationen stehen: „Bevor man Computer im Unterricht verwendet, sollte man sich darüber Gedanken machen, wann, wo und wie man sie sinnvoll einsetzen kann. Computer können als Arbeitsmittel zur Texterstellung und zum vielfältigen Üben von Unterrichtsinhalten dienen" (Kohlhof, in: Sacher u. a., 2003, S. 34). Dabei kann der Computer außerdem als Werkzeug zur Erstellung eines Produkts eine zentrale Rolle spielen. Dies setzt aber die bereits erfolgte Einübung des Umgangs mit dem PC voraus. Für die kreative Arbeit eignen sich besonders Grafikprogramme und Programme zur Musikbearbeitung, Foto- und Videobearbeitung.

Literaturhinweis:

Noack, Karl-Adolf/Kollehn, Karlheinz/Schill, Wolfgang: Thema: Fernsehen, (Hrsg. Bundeszentrale für gesundheitliche Aufklärung), Köln

10. Elternarbeit

Suchtprävention im Kindergarten und in der Grundschule, die als pädagogische Aufgabe ernst genommen wird, erreicht langfristig mehr, je stärker die Eltern als wichtige Kooperationspartner wahrgenommen und einbezogen werden. Die Kontaktformen zwischen Lehrern und Eltern sind vielfältig. Sie reichen von kurzen Gesprächen zwischen Tür und Angel bis zu längeren Gesprächen an Elternabenden und Elternsprechtagen. Im Folgenden soll der Elternabend als eine exemplarische Form der Elternarbeit in den Mittelpunkt gestellt werden.

10.1 Ablauf und Gestaltung eines Elternabends

10.1.1 Vorbereitung

- Die Lehrkraft sollte vor dem Elternabend ihren eigenen Standpunkt und ihr Vorgehen geklärt haben: Was will ich erreichen? Wo sind meine Grenzen und Schwicrigkeiten? Wie werde ich mit möglichen Vorbehalten der Eltern umgehen?
- Einladung
  Das Einladungsschreiben ist ein erster, aber auch ein wichtiger Schritt für den geglückten Verlauf eines Elternabends: „Klar und konkret formuliert, ansprechend und lebendig gestaltet oder illustriert, soll es die Eltern für den Besuch der Veranstaltung motivieren, d. h. im echten Sinne des Wortes einladend wirken" (Tilke/Wurz, 1998, S. 10). Die Einladung muss den Eltern den Eindruck vermitteln, was sie inhaltlich und methodisch erwartet. Bei der Gestaltung der Einladung können auch die Schüler mit einbezogen werden.

10.1.2 In Kontakt kommen und sich kennenlernen

Besonders am ersten Elternabend muss genügend Zeit für das zwanglose Kennenlernen eingeplant werden. Für die Lehrkraft ist es beim Elternabend wichtig, dass sowohl sie mit den Eltern ins Gespräch kommt, aber auch die Eltern untereinander kommunizieren können. Bei der Schaffung von positiven Rahmenbedingungen ist ein behagliches Klima im Klassenzimmer eine günstige Voraussetzung. Von Vorteil ist eine kreisförmige Sitzordnung, die untereinander den Blickkontakt ermöglicht. Kennenlernspiele wie die folgenden sind hier hilfreich und lockern die Atmosphäre auf.

Karussell-Diskussion (vgl. Tilke/Wurz, 1998, A 13)

Die Eltern werden gebeten, sich in einen Innen- und einen Außenkreis zu stellen. Dabei stehen sich jeweils zwei Personen gegenüber.
Wenn alle einen Partner/eine Partnerin gefunden haben, sprechen sie miteinander über die Frage: Was haben Sie heute Abend gemacht, bevor Sie hierhergekommen sind?

Die Eltern unterhalten sich paarweise. Nach ca. zwei bis vier Minuten unterbricht die Lehrerin/der Lehrer und lässt den Innenkreis im Uhrzeigersinn um eine Person weiterdrehen, so dass sich neue Gesprächspaare bilden.

Nach jeder neuen Fragestellung wird gewechselt.

Folgende Impulsfragen haben sich bewährt:

- Wen kennen Sie bereits in dieser Runde? Woher?
- Besuchen Sie regelmäßig Elternabende und mit welchen Gefühlen gehen Sie zu solchen Veranstaltungen?
- Welche Erwartung haben Sie an den heutigen Abend?
- Was erzählt Ihr Kind, wenn es von der Schule nach Hause kommt?
- Was halten Sie von dieser Schule?
- Beschreiben Sie bitte, was Ihnen an Ihrer Tochter/Ihrem Sohn besonders gut gefällt!
- Worüber haben Sie sich das letzte Mal mit Ihrem Kind gestritten und wie ist der Streit ausgegangen?
- Wie würden Sie reagieren, wenn Sie Ihr Kind beim heimlichen Rauchen (Alkoholgenuss usw.) ertappen würden?
- Sie erfahren von der Klassenlehrerin/dem Klassenlehrer, dass Ihr Kind große Schwierigkeiten hat, in der Klasse Freunde bzw. Freundinnen zu finden. Wie gehen Sie mit dieser Nachricht um?
- Was wissen Sie über das Thema Sucht?
- Worüber haben Sie sich das letzte Mal mit Ihrem Kind so richtig gefreut?

Landkartenspiel

Die Eltern stehen in einem Raum, der möglichst viel Platz bietet. Die Lehrerin/der Lehrer stellt sich in die Mitte des Raums: „Ich stehe hier an diesem Ort (genaue Bezeichnung des Veranstaltungsorts); in dieser Richtung ist Süden, hier Osten, Norden und da Westen.

Ich bitte Sie jetzt, sich entsprechend der Lage ihres Wohnorts – bezüglich Richtung und Entfernung zu mir – einen Platz im Raum zu suchen und sich dort hinzustellen.

Die Eltern orientieren sich und gehen zu der entsprechenden Position.

Lehrkraft: „Schauen Sie sich kurz um und verändern Sie für sich den Maßstab unserer Landkarte: Stellen Sie sich bitte an den Ort, der in ihrem Leben eine wichtige Bedeutung hatte – oder immer noch hat.

Die Eltern gehen wieder durch den Raum und nehmen eine neue Position ein.

Lehrkraft: „Ich bitte Sie jetzt, sich uns mit Ihrem Namen vorzustellen und etwas über den Ort zu erzählen, den Sie zuerst eingenommen haben bzw. an dem sie im Moment stehen."

Netzwerkgespräche

Um mit den Eltern ins Gespräch zu kommen, kann auch die Methode „Netzwerk" dienlich sein. Hierbei werden zentrale Begriffe zur Thematik auf kleine Karten geschrieben. Alle Eltern sitzen im Kreis, in dessen Mitte Karten mit sogenannten „Ankerbegriffen" liegen. Jeder Teilnehmer holt sich eine Karte, zu dem er gerne etwas sagen möchte. Danach fängt ein Teilnehmer an, sich zu seinem Begriff zu äußern. Ein anderer Teilnehmer, der meint, sein Begriff passt dazu, folgt nun mit seiner Stellungnahme.

Bilder

Als Einstieg in ein Gespräch können auch Bilder dienen. Bilder aus Zeitschriften und Illustrierten, die sich auf die Thematik beziehen, werden gesammelt und zu Beginn des Elternabends im Klassenzimmer ausgelegt. Die Eltern sollen sich für ein Bild entscheiden, zu dem sie sich gerne äußern möchten. Als mögliche Fragestellungen bieten sich hier an:

- Warum wählten Sie dieses Bild?
- Wo sehen Sie eine Verbindung zur Suchtprävention in der Schule?
- Welche Erwartungen haben Sie?

Etikette (vgl. Tilke/Wurz, 1998, A 17)

Die Lehrkraft klebt allen Eltern ein Etikett mit dem Namen einer Sucht bzw. eines Suchtmittels auf den Rücken.

Aufgabe:

Finden Sie durch Befragen Ihrer Mitspieler/innen heraus, welches „Ihre" Sucht ist. Gehen Sie dazu im Raum umher und fragen Sie sich gegenseitig nach der Sucht, deren Namen Sie auf dem Rücken tragen. Es sind pro Gesprächspartner/in bis zu drei Fragen zugelassen und zwar nur solche, die mit „ja" bzw. „nein" zu beantworten sind. Ist der Begriff erraten, dürfen Sie Ihr Klebe-Etikett abnehmen und an der Tafel/Pinnwand anbringen.

Auswertung:

- Die Klebe-Etiketten werden unter der Moderation der Lehrerin/des Lehrers sortiert z. B. nach den Gesichtspunkten stoffgebundene bzw. ungebundene Süchte, Alltagssüchte.
- Thematisierung der fließenden Grenzen von Gewohnheit und Abhängigkeit
- Hieraus ergibt sich ein fließender Übergang zu einem thematischen Hauptbaustein Sucht/Suchtvorbeugung.

Genussprofil (Ministerium für Kultus, Jugend und Sport Baden-W., 1996, S. 32)

Einführung:

Wir Erwachsenen haben bestimmte Dinge, die wir brauchen, damit es uns gut geht (z. B. Bücher, Ausgehen, Urlaub usw.).

Sammeln der Eltern-Äußerungen an der Pinnwand: Was haben wir davon?

Dann werden farbige Klebepunkte verteilt. Jede Teilnehmerin, jeder Teilnehmer klebt Punkte auf die einzelnen Angaben:

Roter Punkt: Das brauche ich täglich oder mehrmals täglich.

Gelb: zwei- bis drei Mal pro Woche.

Grün: selten.

Danach wird über das Genussprofil der Eltern gesprochen. Dieselbe Übung kann mit der Klasse gemacht und ebenfalls mit den Eltern besprochen und verglichen werden.

Tankspiel (Ministerium für Kultus, Jugend und Sport Baden-W., 1996, S. 33)

Auch wir Menschen brauchen einen „vollen Tank", damit wir Kraft und Energie haben, unser Leben zu meistern. Was muss in meinem Tank sein, was brauche ich, damit es mir gutgeht – welche Gefühle, Empfindungen, Wünsche, Sehnsüchte ...? Auf Luftballons schreiben und in Karton („Tank") stecken.

An welchen „Zapfsäulen" kann ich wieder auftanken, wenn mein Tank mal leer ist? „Zapfstellen auf Karten schreiben und am „Tank" befestigen.

10.1.3 Themenvorschläge

Sachinformationen „Ursachen" (Tilke/Wurz, 1998, B 1)

Nachdem die Eltern auf das Thema des Abends eingestimmt wurden, sitzen sie im Plenum z. B. in einem Stuhlkreis.

Hauptteil 1

Lehrer/Lehrerin:

„Mir persönlich ist heute Abend wichtig, dass Sie nicht mit dem Gedanken nach Hause gehen, die Suchtproblematik sei ein Randgruppenthema, das „normale" Menschen nicht betrifft. Im Gegenteil bin ich der festen Überzeugung, dass jeder von uns seine geheimen oder auch offen gezeigten Leidenschaften hat, was aber in den meisten Fällen eher zur Bereicherung unseres Lebens beitragen dürfte. In einem gemeinsamen Gedankenaustausch möchte ich mit Ihrer Hilfe die Zusammenhänge zwischen dem Suchtmittel, der einzelnen Person und deren Umwelt aufzeigen" („Sucht-Dreieck").

Hauptteil 2

Lehrer/Lehrerin:

„Im zweiten Teil des Abends soll es um den Schutz unserer Kinder gehen: Wie können wir helfen zu verhindern, dass sie auf dem manchmal vielleicht schmalen Pfad zwischen positiver Lebensfreude oder gar Euphorie einerseits und der willenlosen Abhängigkeit andererseits ins Straucheln geraten? Schließlich werden nicht alle, die einmal einen Rausch erlebt haben, süchtig!"

Die Eltern erhalten den Text „Wie Sie Ihre Kinder ermutigen können, Drogen zu nehmen" und sollen die „Ratschläge" in Ruhe lesen.

- Hören Sie Ihren Kindern niemals zu – sprechen Sie über sie, aber niemals mit ihnen.
- Vermeiden Sie es, sich in der Familie zusammenzusetzen.
- Schaffen Sie Familientraditionen, auf die sich Ihre Kinder womöglich noch freuen, ab.
- Untergraben Sie die Rolle Ihrer Erziehungspartnerin/Ihres Erziehungspartners und lassen sie/ihn keinen Einfluss gewinnen.
- Legen Sie Wert auf die äußere Form und lassen Sie die Finger von lästigen „Werte-Diskussionen".
- Schützen Sie Ihre Sprösslinge vor eigenen Erfahrungen z. B. mit Kälte, Müdigkeit, Abenteuer, Kränkung, Experimenten, Risiken, Bekannt- und Freundschaften, Herausforderungen etc.
- Halten Sie Ihren Kindern immer wieder einen Vortrag über die Gefährlichkeit von Drogen – Ihr eigenes Verhalten spielt dabei keine Rolle.
- Setzen Sie klare Prioritäten für die Bedeutung von materiellen Werten für Leben und das Ihrer Familie.
- Erwarten Sie von Ihren Kindern, dass sie in ihrem späteren Leben einmal all das verwirklichen, von dem Sie immer geträumt haben.
- Sehen Sie in Ihrem Kind den „Winner-Typ" und erwarten Sie das auch von ihm.
- Stellen Sie kleinere Gesetzesüberschreitungen Ihrerseits z. B. im Straßenverkehr im Beisein Ihres Kindes als Kavaliersdelikte dar, die doch keiner merkt.
- Lassen Sie Ihre Kinder niemals selbst Verantwortung übernehmen, kümmern Sie sich um alle Angelegenheiten selbst.
- Gehen Sie wegen jeder Kleinigkeit zum Arzt.
- Lösen Sie die Probleme für Ihre Kinder – treffen Sie für sie die Entscheidungen.

Lehrer/Lehrerin:

„Greifen Sie aus dieser Auswahl drei Punkte heraus, die Ihnen persönlich besonders wichtig erscheinen und formulieren Sie diese so um, dass sich ein – in unserem Sinn – richtiger Zusammenhang ergibt."

Die Eltern stellen Ihre Formulierungen vor, die Lehrerin/der Lehrer notiert sie auf einem Plakat und kommentiert gegebenenfalls.

Folgende protektive Faktoren sollten dabei berücksichtigt werden:

- Selbstbewusstsein, Selbstachtung, Selbstvertrauen, Ich-Stärke
- Selbstkontrolle, Frustrationstoleranz
- Konfliktfähigkeit, Belastbarkeit
- Gesundheitsbewusstsein
- Soziale Kontaktfähigkeit, Gruppenzugehörigkeit, Einfühlungsvermögen
- Genuss- und Erlebnisfähigkeit, Lebensfreude, Träume
- Umgang mit Gefühlen

- Zukunftsperspektiven, Sinn, Werte
- Umgang mit Schicksalsschlägen

Fernsehen (vgl. Tilke/Wurz, 1998, B 2)

Eine Methode, um thematisch in den Elternabend einzusteigen, ist das Partnerinterview. Typisch für alle Formen des Partnerinterviews ist die Bearbeitung einer oder mehrerer Fragestellungen, wie z. B.

- Was waren und was sind für Sie wichtige Medienerlebnisse?
- Welche Medien nutzten Sie als Kind und in welcher Weise?
- Welche Medien nutzt Ihr Kind heute und in welcher Weise?
- Wie hat sich die Medienlandschaft seit Ihrer Kindheit verändert?

Anschließend werden die Ergebnisse für alle sichtbar auf einer Wandzeitung zusammengetragen und als Grundlage für vertiefende Gespräche genutzt.

Die Eltern können in der folgenden Weise über die Gründe ihres Fernsehkonsums befragt werden: „Bitte notieren Sie fünf Gründe, weshalb Sie fernsehen, stichwortartig auf je einen Klebezettel."

Nach ca. fünf Minuten hängen die Eltern ihre Klebezettel an eine Wandzeitung und die Lehrkraft kann anschließend die gesammelten Gründe vorlesen.

Danach können die Eltern nach den vermuteten Beweggründen ihrer Kinder befragt werden: Was glauben Sie, weshalb Ihr Kind fernsieht? Die Eltern erhalten fünf Klebezettel und formulieren die vermuteten Motive ihrer Kinder. Die Klebezettel werden ebenfalls an der Wandzeitung befestigt.

Die Lehrerin/der Lehrer spricht die Unterschiede bzw. Gemeinsamkeiten der Gründe an und leitet dann zu einem möglichen Informationsteil über.

Zum Schluss könnte das bewusste Umgehen mit dem Fernsehen gemeinsam mit den Eltern konkretisiert werden: „Sie als Eltern spielen eine wichtige Rolle bei der Frage, welche Einstellung Ihr Kind zum Thema Fernsehen entwickelt. Welche Möglichkeiten sehen Sie, dieses Verhalten im angesprochenen Sinne zu beeinflussen?
Notieren Sie Ihre Ideen stichwortartig auf Klebezettel und heften Sie sie an die Wandzeitung."

Von Vorteil für den Elternabend ist es, wenn sich das Thema Medien bzw. Fernsehen aus dem Unterricht heraus entwickelt hat. Wichtige Bestandteile des Unterrichts könnten dabei z. B. sein (vgl. Sacher u. a., 2003, S. 217):

- „Unsere Fernsehlieblinge": Kinder malen, zeichnen, spielen und schreiben über ihre Fernsehidole.
- „Unser Fernsehwunschprogramm": Kinder stellen aus Fernsehzeitschriften ihre Lieblingssendungen zusammen.

- „Fernsehen kaputt": Kinder überlegen sich Rollenspiele zu einer Fernsehfamilie, die drei Tage ohne ihr beliebtes „Familienmitglied" auskommen muss. Sie entwickeln Ideen für alternative Freizeitgestaltung und entwerfen Spielszenen.

Teddybär und Barbie-Puppe (Tilke/Wurz, 1998, B 7)
Vorbereitung:

1. Teil

Die Lehrerin/der Lehrer hat verschiedenste Gegenstände (z. B. Schmusetier, Gameboy, Barbie-Puppe, Handy, Trendkleidung, Spielzeug, Sportgeräte, Gummibärchen, Schokolade, Fernbedienung usw.) gut sichtbar im Raum ausgelegt und spricht dann die Eltern an: „Suchen Sie einen Gegenstand aus, für den Ihr Kind – aus Ihrer Sicht – eine Vorliebe hat und notieren Sie diesen auf einem der ausliegenden Zettel. Bitte unterhalten Sie sich danach in Kleingruppen, in die Sie sich aufteilen werden, unter folgenden Gesichtspunkten:

- Welches Verhältnis hat Ihr Kind aus Ihrer Sicht zu dem von Ihnen gewählten Gegenstand?
- Entspricht dieses Verhältnis Ihrer Wunschvorstellung? Wie hätten Sie es gerne?
- Sehen Sie einen Bezug zum Thema Sucht?

Notieren Sie die wichtigsten Punkte Ihres Gesprächs auf Papierstreifen und ordnen Sie diese auf einem leeren Plakat an."

Die Eltern tauschen sich in den Kleingruppen intensiv aus und gestalten ein Plakat. Die Kleingruppen stellen ihre Plakate im Plenum vor.

2. Teil

„Nicht nur unsere Kinder, wir alle haben unsere persönlichen Vorlieben, kleine „Suchtecken" sozusagen." Zur Illustration nennt die Lehrkraft ein persönliches Beispiel.

„Bitte überlegen Sie für sich, ob Sie auch so eine kleine „Suchtecke" haben, d. h. worauf können Sie nur schwer verzichten?"

Die Eltern erhalten Zeit, um die Frage zu reflektieren. Die Lehrkraft eröffnet die Möglichkeit, dass einzelne Eltern sich zu ihren Überlegungen äußern können, aber niemand sich dazu verpflichtet fühlen muss.

3. Teil

„Bitte erinnern Sie sich nochmals an den von Ihnen zu Beginn des Abends gewählten Gegenstand und überlegen Sie, was Sie konkret tun können, damit aus dieser Vorliebe Ihres Kindes kein zwanghaftes Verhalten entsteht."

Die Eltern finden sich wieder in denselben Kleingruppen wie im 1. Teil zusammen und thematisieren, welche Möglichkeiten sie für sich sehen. Im Plenum tauschen die Kleingruppen die Kernpunkte ihres Gespräches aus.

Kinder brauchen Zeit – Eltern auch! (Tilke/Wurz, 1998, B 8)

1. Teil

Die Lehrerin/der Lehrer verteilt das Gedicht von Jürgen Spohn mit Textlücken:

Eltern!

. . . .
für liebe Worte

. . . .
für eine Torte

. . . .
mal mit zumachen

. . . .
mal mit zulachen

. . . .
mich mal zu loben

. . . .
mal mit zu toben

. . . .
für Kinderleid

. . . .
nach mir zu fragen

. . . .
mal „komm" zu sagen

. . . .
dabei zu sein

. . . .
mich an zu schrein

. . . .
für Zärtlichkeit

. . . .
für ein Spiel

. . . .
das ist nicht viel

Lehrkraft:

„Ich habe Ihnen ein Gedicht mitgebracht, das sich von seinem Titel her direkt an sie als Eltern wendet. Einige Zeilen habe ich nicht mit kopiert. Bitte füllen Sie dieses Gedicht mit Leben, d. h. ergänzen Sie die leeren Zeilen, so wie Sie wünschen oder denken, dass der Text lauten könnte. Besprechen Sie Ihre Vorschläge in der Kleingruppe und einigen Sie sich auf einen gemeinsamen Text. Da die Ergänzungen bei jeder Gruppe anders aussehen werden, bitte ich Sie, Ihre „Lösung" anschließend im Plenum vorzustellen.

2. Teil
„Die Eltern finden sich wieder in denselben Kleingruppen wie für Teil 1 zusammen.
Im Mittelpunkt des Gedichtes steht die Zeit – die Zeit, die wir als Eltern oft nicht haben, auch nicht für unsere Kinder. Bitte tauschen Sie sich in Ihrer Gruppe über folgende Gesichtspunkte aus:
- Was verlangt mein Kind an Zeit von mir?
- Warum?
- Wie ist meine persönliche Situation momentan?
- Wie viel Zeit bin ich in der Lage, meinem Kind zu geben?"

Die Gruppen sprechen über die genannten Aspekte, ohne dass ein Ergebnis im Plenum vorgetragen werden soll.

3. Teil
„Sie haben sich in der Kleingruppe unterhalten, wie das Zeit-Haben für Sie persönlich aussieht. Das Gedicht von Jürgen Spohn formuliert, was das Kind vermisst, d.h. in der Umkehrung, wofür es sich Zeit mit den Eltern wünscht." Die Lehrerin/der Lehrer verteilt Kopien des vollständigen Gedichtes.

Eltern!

Keine Zeit
für liebe Worte
Keine Zeit
für eine Torte

Keine Zeit
mal mitzumachen
Keine Zeit
mal mitzulachen

Keine Zeit
mich mal zu loben
Keine Zeit
mal mit zu toben

Keine Zeit
für Kinderleid

Keine Zeit
nach mir zu fragen
Keine Zeit
mal „komm" zu sagen

Keine Zeit
dabei zu sein
aber Zeit
mich anzuschrein

Keine Zeit
für Zärtlichkeit
Keine Zeit mehr
für ein Spiel

„Keine Zeit"
das ist nicht viel

Lehrerin/Lehrer:

„Zeit für liebe Worte ..., Zeit für eine Torte ..." Das klingt schön, was aber bedeutet dies konkret für Sie?

Schreiben Sie hinter mindestens fünf der Aussagen eine Umsetzungsmöglichkeit in Ihrem Alltag.

Bedenken Sie dabei bitte, dass es weniger darum geht, zusammen Torte zu essen, als vielmehr gemeinsam zu backen. Das Miteinander-Tun erzeugt ein Gefühl von Zusammengehörigkeit und stärkt Ihr Kind und Sie im Selbstbewusstsein."

Einige der Umsetzungsmöglichkeiten werden im Plenum genannt und unter dem Aspekt Zeit-Haben beleuchtet. Dabei muss deutlich werden, dass auch Eltern Zeit für sich selbst brauchen.

4. Teil

In einem kurzen Informationsteil wird den Eltern der Bezug zur Suchtvorbeugung erläutert, indem die Lehrkraft das Erarbeitete bestätigt und auf den Zusammenhang zwischen protektiven Faktoren und dem Faktor Zeit verweist.

Mein Traumkind (Tilke/Wurz, 1998, D 2)

1. Teil

Anknüpfend an die Frage „Wodurch kann man Ihrer Meinung nach süchtig werden? Wird das Informationsbedürfnis der Eltern gestillt und ein kurzer Theorieteil über Suchtmittel und das Sucht-Dreieck eingefügt.

2. Teil

Für den weiteren Verlauf teilt die Lehrerin/der Lehrer eine Liste mit Charaktereigenschaften zu „Mein Traumkind" an alle Anwesenden aus.

Mein Traumkind

( ) flexibel	( ) vorsichtig	( ) selbstsicher
( ) kontaktfreudig	( ) frech	( ) treu
( ) tolerant	( ) zärtlich	( ) sozial
( ) genau	( ) höflich	( ) liebevoll
( ) sensibel	( ) mutig	( ) phantasievoll
( ) offen	( ) ehrlich	( ) rücksichtsvoll
( ) stark	( ) gelassen	( ) konfliktfähig
( ) ordentlich	( ) sauber	( ) pünktlich
( ) aktiv	( ) kreativ	( ) geduldig
( ) lebendig	( ) belastbar	( ) still

„Jeder von uns hat – mehr oder weniger bewusst – seine Idealvorstellung von den Eigenschaften, die sein Kind auszeichnen sollten. Lesen Sie bitte in aller Ruhe und ohne miteinander zu reden die Vorschläge auf dem Blatt durch und wählen Sie fünf aus, die Ihr persönliches „Traumkind" charakterisieren."

Im Anschluss werden Kleingruppen gebildet: „Tauschen Sie sich in der Kleingruppe über Ihre Wahl aus und einigen Sie sich auf fünf Eigenschaften, die Sie alle in der Gruppe mit tragen können.

Stellen Sie anschließend im Plenum den anderen Eltern die Wahl der Gruppe vor, indem Sie die aushängende Liste mit Klebepunkte versehen und diese erläutern.

3. Teil

„Nehmen Sie sich bitte noch einmal die Liste mit den Eigenschaften vor und wählen Sie dieses Mal fünf aus, die auf Sie persönlich zutreffen. Vergleichen Sie anschließend Ihre individuelle Wunschliste für Ihr Traumkind bzw. die der Gruppe mit ihren Eigenschaften."

Nach einer Reflexionsphase werden im Plenum unter der Moderation der Lehrkraft die Unterschiede angesprochen und der Eigenanteil der Eltern an den „Traumbildern" ihrer Kinder verdeutlicht.

4. Teil

„Und wovon träumen unsere Kinder?

Wir haben Ihren Kindern die Frage gestellt, welche Eigenschaften sie für sich gerne hätten und die anonymen Beiträge auf einem Plakat zusammengefasst. Bitte nehmen Sie sich wieder etwas Zeit und lassen Sie die Beiträge der Kinder auf sich wirken."

„Und was wünschen sich unsere Kinder von uns?"

Das „Wunschplakat" wird aufgehängt, die Lehrerin/der Lehrer hebt einige besonders wichtige Schülerbeiträge exemplarisch hervor.

In der abschließenden Gesprächsrunde wird verdeutlicht, dass unsere Wahrnehmung durch eigene Projektionen, Übertragungen und Erfahrungen verfälscht sein kann und wir genau hinschauen müssen.

10.1.4 Zurückblicken und sich verabschieden

Für mich war neu ... (Tilke/Wurz, 1998, C 1)

Die Lehrerin/der Lehrer bittet die Eltern, die Satzanfänge auf den im Raum angebrachten Plakaten zu ergänzen: „Nehmen Sie sich Zeit, den heutigen Abend nochmals innerlich Revue passieren zu lassen. Was war für Sie eher schwierig, was besonders wichtig und anregend? Ergänzen Sie bitte in diesem Sinne die Satzanfänge auf den Plakaten.

- Ich habe erfahren, dass ...
- Ich fand es schön, dass ...
- Für mich war es nicht so gut, dass ...

- Ich habe Mut bekommen, ...
- Ich habe mir vorgenommen, ...
- Künftig werde ich ...

Ich habe erlebt ..." (Tilke/Wurz, 1998, C2)

Die Eltern sitzen im Kreis.

Lehrerin/Lehrer: „Bitte überlegen Sie für sich, was Sie am heutigen Abend an Neuem erfahren oder erlebt haben – über Suchtprävention, über Erziehung, über ...

Diese neuen Erfahrungen sollen Sie in kurzen Sätzen festhalten, die etwa so beginnen könnten:

- Mir ist deutlich geworden, dass ich ...
- Ich war glücklich, dass ich ...
- Ich habe erlebt, dass ich ...
- Ich konnte kaum glauben, dass ich ...
- Mir fiel es schwer zu merken, dass ich ...

Schreiben Sie in etwa zwei Minuten so viele Sätze wie möglich auf. Verwenden Sie dabei bitte keine Verallgemeinerungen („man"), sondern beziehen Sie die Sätze auf sich selbst („ich").

„Lesen Sie bitte einen Ihrer Sätze der Gruppe vor. Wer dies nicht möchte, kann passen. Die „Aussagen" sollen von der Gruppe nicht kommentiert bzw. diskutiert werden."

Ich-Botschaften (Tilke/Wurz, 1998, C8)

Lehrerin/Lehrer:

„Nach dem Verlauf des heutigen Abends ist deutlich, dass Sie als Eltern sehr viel tun können, damit Ihre Kinder Suchtgefährdungen nicht schutzlos ausgesetzt sind.

Bitte wählen Sie aus den vorgeschlagenen Ich-Botschaften diejenige aus, von der Sie sich am stärksten angesprochen fühlen und die Sie umsetzen wollen.

Schneiden Sie diesen Satz aus und bewahren Sie den Streifen an einer Stelle auf, so Sie immer wieder darauf stoßen (z. B. im Geldbeutel)."

Wir Eltern können viel tun, damit unsere Kinder nicht süchtig werden:

- Ich suche das Vertrauen meines Kindes und ich vertraue ihm.
- Ich lerne mein Kind kennen, ermutige es, Gefühle zu zeigen und zu erwidern.
- Ich helfe meinem Kind, seine eigenen Gefühle und Ängste zu verstehen.
- Ich habe ein aufrichtiges Interesse an meinem Kind, ich rede mit ihm und höre ihm zu.
- Ich bleibe mit meinem Kind im Gespräch, auch in Konfliktsituationen.

- Ich bin in meinem Verhalten dem Kind gegenüber ehrlich, fair und konsequent.
- Ich setze Grenzen und halte notwendige Kontrollen aufrecht.
- Ich helfe meinem Kind, notwendige Erziehungsmaßnahmen als Sorge und Liebe der Eltern begreifen zu lernen.
- Ich erinnere mich an meine eigene Kindheit und fühle mich aus diesem Blickwinkel in mein Kind ein.
- Wir verbringen möglichst viel Zeit als Familie zusammen.
- Wir lassen auch mal „die Seele baumeln".

Wie geht es Morgen weiter? (Tilke/Wurz, 1998, C9)

Lehrerin/Lehrer:

„Sie haben während dieses Abends viel erfahren über Ursachen von Sucht und Möglichkeiten präventiven Verhaltens (bzw. über andere angesprochene Themen). Wichtig ist jedoch, dass Sie sich nicht zu viel zumuten und möglichst alles ganz schnell umsetzen wollen. Beginnen Sie mit einem kleinen Schritt, aber tun Sie ihn schon morgen!"

Die Lehrkraft teilt ein Blatt mit möglichst konkreten Vorsätzen aus und liest es vor.

Wie geht es morgen weiter?

Ich könnte doch mal ...

- am nächsten Sonntag mit meinen Kindern „Mensch ärgere dich nicht" spielen
- gemeinsam mit meiner Familie gemütlich essen
- vom heutigen Elternabend erzählen
- mir die Lieblingsmusik meines Kindes vorspielen lassen
- ansprechen, was mir unter den Nägeln brennt
- zeigen, wenn es mir schlecht geht und um Hilfe bitten
- mit meinem Kind einen Stadtbummel machen
- klare Absprachen über häusliche Pflichten treffen und auf ihre Einhaltung achten
- mit der ganzen Familie ins Kino gehen
- . . . .

Lehrerin/Lehrer:

„Haben Sie Mut anzufangen! Suchen Sie sich zunächst einen Vorschlag aus."

Mitbringsel

Mit dieser Methode kann abschließend der Elternabend kurz reflektiert werden: „Ich bitte Sie zum Abschluss des Abends zu überlegen, was Sie von dem Besprochenen persönlich für wichtig erachten und gerne mitnehmen möchten. Nehmen Sie sich drei Minuten Zeit zum Nachdenken. Wenn Sie sich entschieden haben, gestalten Sie bitte mit den ausliegenden Blättern und Stiften ein kleines Plakat, das die wichtigste Erkenntnis widerspiegelt. Lassen Sie Ihrer Fantasie freien Lauf!" Die Eltern malen fünf bis maximal zehn Minuten ihr Bild. „Hängen Sie das Bild vier Wochen so auf, dass es von Ihnen regelmäßig gesehen wird."

Die dargestellten Methoden beabsichtigen die Einweg-Kommunikation vieler Elternabende aufzulösen und kommunikative Formen der Elternarbeit einzuführen: „Dabei werden die Eltern möglichst aktiv einbezogen und können ihre Kompetenz und Erfahrung einbringen. Sie kommen miteinander ins Gespräch, reflektieren ihren Erziehungsstil, lernen andere Verhaltensmöglichkeiten kennen, umso das eigene „Repertoire" eventuell zu erweitern" (Tilke/Wurz, 1998, S. 1).

Literaturverzeichnis

Albers, P./Möller, R.: Zirkusspiele – Riesenspaß für Clowns und kleine Akrobaten, München 2005

Andreas-Siller, P.: Kinder und Alltagsdrogen – Suchtprävention in Kindergarten und Schule, Wuppertal 1993

Anfang, G./Demmler, K./Lutz, K. (Hrsg.): Mit Kameras, Maus und Mikro – Medienarbeit mit Kindern, München 2005

Arenz-Greiving, I.: Die vergessenen Kinder. Kinder von Suchtkranken, Wuppertal 1998

Aust, S./Hicke, F.: Schulfrühstück – Unterrichtsmaterial für die 1. bis 4. Klasse der Grundschule, Stuttgart 1993

Baacke, D.: Die 0–5-Jährigen – Einführung in die Probleme der frühen Kindheit, Weinheim 1999

Badisches Tagblatt, 17.09.2011

Barthelmes, J./Sander, E.: Familie trotz Fernsehen? Medien im Familienalltag, in: Deutsches Jugendinstitut (Hrsg.): Wie geht's der Familie? Ein Handbuch zur Situation der Familie heute, München 1988

Behnisch, M.: Jungen und Mädchen – Wie sich Geschlechtsidentität und Geschlechterrollen entwickeln, in: Kindergarten heute 10/2007

Berner, W.: Jugendgruppen organisieren, Reinbek 1983

Brändle, K./Dilger, H.: Modellprojekt Arbeit mit Kindern von Suchtkranken, in: Bundesministerium für Gesundheit und soziale Sicherung (Hrsg.): Familiengeheimnisse – Wenn Eltern suchtkrank sind und Kinder leiden, Berlin 2003

Brink, G.: Über den Umgang mit Medikamenten, in: Tossmann, P. (Hrsg.): Gesundheitsförderung in der Grundstufe – Praxisbeispiele für die Suchtprävention, Neuwied 1995

Brückner-Groh, C.: Gesundheit ist kein Kinderspiel, München 1989

Büchter, P.: Kitas fit für die Zukunft, in: KiTa aktuell 1/2008

Bundeszentrale für gesundheitliche Aufklärung (Hrsg.): Wir können viel dagegen tun, daß Kinder süchtig werden, Köln 1996

Bundeszentrale für gesundheitliche Aufklärung (Hrsg.): Unterrichtsmaterialien zur Gesundheitserziehung und Gesundheitsförderung in der Schule, Köln 2002

Bundeszentrale für gesundheitliche Aufklärung (Hrsg.): Achtsamkeit und Anerkennung – Materialien zur Förderung des Sozialverhaltens in der Grundschule, Köln 2002

Dallmann, G./Meißner, G./Meißner, K./Bahnsen, G.: Ernährung und Gesundheit – Unterrichtsmaterial für die 1. bis 4. Klasse der Grundschule, Stuttgart 1995

Deutsche Hauptstelle gegen Suchtgefahren (Hrsg.): Jahrbuch Sucht 2001, Geesthacht 2001

Eberle, A.: Wir gehen ins Kino. Medienerziehung durch aktive Rezeption, in: Sacher, W. u.a.: Medienerziehung konkret, Bad Heilbrunn 2003

Enders, U./Wolters, D.: Schön und blöd – Ein Bilderbuch über schöne und blöde Gefühle, Weinheim 1996

Fachverband Sucht: Grundprinzipien und Leitlinien zur Prävention und Behandlung von Abhängigkeitserkrankungen, in: Sucht aktuell 6/1999

Frankfurter Rundschau, 09.03.1994

Freitag, M.: Auf dem Weg zu einer Positivliste Evaluation von Suchtpräventionsprogrammen, in: ajs-informationen 1/2001

Freundeskreis für Suchtkrankenhilfe (Hrsg.): Kindern von Suchtkranken Halt geben, Kassel, o. Jg.

Gilbert, S.: Typisch Mädchen! Typisch Junge! Praxisbuch für den Erziehungsalltag, München 2004

Gröpel, E.: Entwicklung von Qualitätsmerkmalen für gesundheitsfördernde Schulen, in: Prävention 3/1993

Hahn, M./Janssen, R.: Erziehungswissenschaft, Band 2, Köln 1994

Helmsen, J./Petermann, F.: Nah bei sich selbst sein und auf andere zugehen können, in: Kindergarten heute 5/2008

Holfelder, W./Bosse, W./Reip, S.: Schulrecht Baden-Württemberg – Kommentar zum Schulgesetz, Stuttgart 2005

Hurrelmann, K.: Soll die Suchtprävention schon im Kindergarten beginnen? in: Informationsdienst zur Suchtprävetnion 8/1995

Jaszus, R./Büchin-Wilhelm, I./Mäder-Berg, M./Gutmann, W.: Sozialpädagogische Lernfelder für Erzieherinnen, Stuttgart 2008

Kammerer, B. (Hrsg.): Suchtprävention im Vorschulalter, Nürnberg 1999

v. Katzler, S.: „Ich möchte gern dazugehören..." – Soziale Integration in der Klasse gegen Sucht- und Fluchtgefahren, in: Tossmann, P. (Hrsg.): Gesundheitsförderung in der Grundstufe, Neuwied 1995

Kaufmann, H.: Suchtvorbeugung in Schule und Jugendarbeit – Ein Arbeitsbuch mit 111 Übungen und Anregungen, Weinheim 2001

Kindermann, W.: Die Heroinwelt, in: Informationsdienst zur Suchtprävention 5/1993

Klein, M.: Kinder aus suchtbelasteten Familien: Risiken, Resilienzen, Lösungen und Hilfen, in: Verein für Kommunalwissenschaft e.V. (Hrsg.): Die Verantwortung der Jugendhilfe für Kinder von Eltern mit chronischen Belastungen, Berlin 2005

Klöden, H.: Bewegungsraum Natur, in: KiTa aktuell Baden-Württemberg 12/2007

Kohlhof, C.: Erste Schritte am PC, in: Sader, W. u.a.: Medienerziehung konkret, Bad Heilbrunn 2003

Konzack, I.: Was Hänschen nicht lernt oder: von der Lust und dem Frust, in: Jugendamt Dortmund (Hrsg.): Illusion oder Wirklichkeit, Dortmund 1988

Künzel-Böhmer, J./Bühringer, G./Janik-Konecy, T.: Expertise zur Primärprävention des Substanzmißbrauchs, Köln 1992

Kultus und Unterricht, Stuttgart 2000

Landesinstitut für Erziehung und Unterricht (Hrsg.): Grundlagen der schulischen Suchtvorbeugung, Stuttgart 1999

Landesinstitut für Erziehung und Unterricht (Hrsg.): Suchtvorbeugung mit Jungen, Stuttgart 2002

Landesinstitut für Erziehung und Unterricht (Hrsg.): Suchtvorbeugung – Gesundheitsförderung – Lebenskompetenzen, Stuttgart 2004

Lange, A.: Nikotin und Alkohol im Alltag von Jugendlichen, in: ajs-informationen 3/2003

Lechthaler, K.: Alle Kinder spielen gern Theater – Was Kinder beim Schauspielern erleben und lernen, Wiesbaden 2004

Lutz, K.: Medienprojekte mit Grundschulkindern – von Audio bis Multimedien, in: Anfang, G. u.a. (Hrsg.): Mit Kamera, Maus und Mikro, München 2005

Lutze-Krumbiegel, M./Cleve, G.: Bewußte Ernährung im Schulalltag, in: Tossmann, P. (Hrsg.): Gesundheitsförderung in der Grundstufe, Neuwied 1995

Mayr, T.: Psychische Entwicklung und Sucht im Vorschulalter, in: Informationsdienst zur Suchtprävention 8/1995

Maywald, J.: Wenn Sucht das Leben bestimmt, in: Kindergarten heute 4/2008

Medienpädagogischer Forschungsverbund Südwest (Hrsg.): KIM-Studie 2010, Stuttgart 2011

Metzinger, A.: Suchtprävention im Kindergarten, in: Wehrfritz Wissenschaftlicher Dienst 9/1997

Metzinger, A.: Verhaltensprobleme erkennen, verstehen und behandeln, Berlin 2007

Ministerium für Arbeit, Gesundheit, Familie und Frauen Baden-Württemberg (Hrsg.): Gesamtkonzept Suchtprophylaxe, Stuttgart 1991

Ministerium für Arbeit, Gesundheit, Familie und Frauen Baden-Württemberg (Hrsg.): Suchtbericht Baden-Württemberg, Stuttgart 1991

Ministerium für Kultus, Jugend und Sport Baden-Württemberg: Suchtprävention in der Schule – Verwaltungsvorschrift, Stuttgart, 04.12.1993 und Stuttgart, 13.11.2000

Ministerium für Kultus, Jugend und Sport Baden-Württemberg (Hrsg.): Suchtvorbeugung in der Grundschule, Stuttgart 1996

Ministerium für Kultus, Jugend und Sport Baden-Württemberg: Bildungsplan für Grundschule, Stuttgart 2004

Murdock, M.: Dann trägt mich meine Wolke ...: wie Große und Kleine spielend leicht lernen, Freiburg i. Br. 1990

Nickel, H./Schmidt-Denter, U.: Vom Kleinkind zum Schulkind, München 1995

Noack, K./Kollehn, K./Schill, W.: Thema: Naschen – Unterrichtsmaterial für die 1. bis 4. Klasse der Grundschule, Stuttgart 1990

Noack, K./Kollehn, K./Schill, W.: Thema: Arzneimittel – Unterrichtsmaterial für die 1. bis 4. Klasse der Grundschule, Stuttgart 1992

Noack, K./Kollehn, K./Schill, W.: Thema: Fernsehen – Unterrichtsmaterial für die 1. bis 4. Klasse der Grundschule, Stuttgart 1992

Oberschulamt Stuttgart (Hrsg.): Schulische Suchtvorbeugung in Baden-Württemberg, Stuttgart 2004

Pfeffer, S.: Die Welt der Gefühle verstehen, Freiburg i. Br. 2004

Pramann, U.: Das bißchen Freiheit – Die fremde Welt der Fußballfans, Hamburg 1980

Psychologische Beratungsstelle Bretten und Fachstelle des Landkreises in Drogenfragen: Vorschläge zur didaktischen Nachbereitung des suchtprophylaktischen Puppentheaterstücks „Der harte Jim", Bretten o. Jg.

Regierungspräsidium Stuttgart (Hrsg.): Kommunale und schulische Suchtprävention in Baden-Württemberg, Stuttgart 2007

Regierungspräsidium Stuttgart (Hrsg.): Suchtvorbeugung in der Grundschule, Stuttgart 2007

Regierungspräsidium Stuttgart (Hrsg.): Medienabhängigkeit: Neue Medien – Neue Gefahren, Stuttgart 2009

Regierungspräsidium Stuttgart (Hrsg.): Basiswissen schulische Suchtprävention, Stuttgart 2009

Regierungspräsidium Stuttgart (Hrsg.): Sucht- und Gewaltprävention in den Bildungsplänen des Landes Baden-Württemberg, Stuttgart 2010

Reinert, E./Zimmermann, K.: Methodenkompetenz im Unterricht?! – Ein Werkstattbericht. Zur Schulentwicklung an der Wilhelm-Hauff-Realschule Pfullingen, in: Schule im Blickpunkt 6/1999–2000

Rooyackers, P.: 100 Zirkusspiele & -improvisationen für Kinder, Mülheim a. d. Ruhr, 2008

Rosemann, H.: Lern- und Verhaltensstörungen, Berlin 1975

Ruffert, D.: Audiovisuelle Medien, in: Schäfer, D./Hille, A. (Hrsg.): Medienpädagogik – Ein Lehr- und Arbeitsbuch für sozialpädagogische Berufe, Freiburg i. Br. 2000

Sacher, W. u. a.: Medienerziehung konkret – Konzepte und Praxisbeispiele für die Grundschule, Bad Heilbrunn 2003

Salbert, U.: Kinder-Yoga in der sozialpädagogischen Arbeit, in: Wehrfritz Wissenschaftlicher Dienst 9/1998

Salbert, U.: Mit Kindern entspannen, in: Wehrfritz Wissenschaftlicher Dienst 9/2000

Scarbath, H.: Geschlechtserziehung. Motive, Aufgabe und Wege, Heidelberg 1969

Schlieckau, T./Tilke, B.: Mäxchen trau dich! hrsg. von der Aktion Jugendschutz Baden-Württemberg, Stuttgart 1996

Schlömer, H.: Suchtprävention in der Grundschule – Grundlage und Leitlinien, in: Tossmann, P. (Hrsg.): Gesundheitsförderung in der Grundstufe, Neuwied 1995

Schubert, E./Strick, P.: Spielzeugfreier Kindergarten – Ein Projekt zur Suchtprävention für Kinder und mit Kindern, München 1995

Schwäbisch, L./Siems, M.: Anleitung zum sozialen Lernen für Paare, Gruppen und Erzieher, Reinbek 1988

Seeger, N.: Sein Selbst erfahren in Kindergarten und Grundschule – Phantasiegeschichten, Kontaktübungen und Entspannungsgeschichten, in: Wehrfritz Wissenschaftlicher Dienst 9/1995

Seifert, E.: Spielzeugfreier Kindergarten – Ein Projekt zur Suchtprävention für Kinder und mit Kindern, in: Kammerer, B. (Hrsg.): Suchtprävention im Vorschulalter, Nürnberg 1999

Seyffert, S.: Heute Regen, morgen Sonne, Würzburg 2000

Sozialministerium Baden-Württemberg (Hrsg.): Ganzheitlich orientierte Suchtprophylaxe als Hilfe zur Persönlichkeitsentfaltung von Kindern – Materialien für den Kindergarten, Freiburg i. Br. 1994

Sucht-Magazin IV/09: Ursachen der Sucht

Täschner, K.: Das Cannabis-Problem, Wiesbaden 1979

Teegen, F.: Ganzheitliche Gesundheit, Reinbek 1983

Theurich-Luckfiel, E./Janke-Bartsch, H.: Mädchenidentität – Mädchenarbeit in der Grundschule, in: Tossmann, P. (Hrsg.): Gesundheitsförderung in der Grundstufe, Neuwied 1995

Thomsen, U.: „Ich wohne in meinem Körper" – Psychomotorik in der Suchtprävention, in: Tossmann, P. (Hrsg.): Gesundheitsförderung in der Grundstufe, Neuwied 1995

Tilke, B./Wurz, A.: Eltern stark machen, Stuttgart 1998

Tossmann, P. (Hrsg.): Gesundheitsförderung in der Grundstufe – Praxisbeispiele für die Suchtprävention, Neuwied 1995

Valtl, K.: Sexualpädagogik in der Schule, Weinheim 1998

Voß. R./Wirtz, R.: Keine Pillen für den Zappelphilipp, Reibek 1992

Voß, R.: Medikament – Kind – Kontext, in: ajs-informationen 3/1992

Wegscheider, S.: Es gibt doch eine Chance. Hoffnung und Heilung für die Alkoholiker-Familie, Wilberg 1988

Wiedebusch, S./Petermann, F.: Emotionale Kompetenz bei Kindern, in: Kindergarten heute 5/2004

Wilhelm, K.: Leben im Vollgas im Hier und Jetzt, in: Psychologie heute 4/2000

Windisch, A.: Unterrichtsideen – Geschlechtserziehung in der Grundschule, Leipzig 2000

Winner, A.: Der „spielzeugfreie Kindergarten" – ein Projekt zur Förderung der Lebenskompetenzen bei Kindern? München 1998

Winter, A.: Belohnungsessen macht dick, in: Frankfurter Rundschau 22.09.2011

Zimmer, R.: Urbanität und Bewegung, in: Deutsche Sportjugend (Hrsg.): Bewegungsraum Stadt, Frankfurt 1995

Zobel, M.: Kinder aus alkoholbelasteten Familien. Entwicklungsrisiken und -chancen, Göttingen 2000